教育DXで「未来の教室」をつくろう

〈GIGAスクール構想で「学校」は生まれ変われるか〉

経済産業省 サービス政策課長・教育産業室長
デジタル庁 統括官付参事官
浅野大介

学陽書房

はじめに

2021年4月の新学期。日本のすべての小学校・中学校、先行した12県の高校、そして特別支援学校の教室の風景が変わり始めました。

それは、学校で「1人1台のパソコン端末」を普段使いする風景の始まりです。


日本の学校のデジタル環境整備は長らくOECD加盟先進国の最低水準でしたが、2019年度の消費税増税直後の補正予算と2020年度のコロナ禍での補正予算合わせて4600億円超の補助金が文部科学省から学校設置者に配られ、一気に整備が進みました。

これが政府の推進する「GIGAスクール構想」です。内閣官房IT戦略室（デジタル庁の前身）・文部科学省・経済産業省・総務省など関係省庁による高密度な連携プレーで企画され、総理官邸や数多くの国会議員の後押しをいただき、本当にたくさんの人が汗を流して実現された、政策の大転換でした。これによって日本の小中学校はDX（デジタル・

トランスフォーメーション）の入口に立ち、２０１７年改訂学習指導要領で目指した「主体的・対話的で深い学び」への転換に必要なツールがそろいました。

私は、経済産業省でサービス政策課長と、課内に新設した「教育産業室」の室長を兼務し、また新たに発足したデジタル庁に参事官として加わり、教育ＤＸチーム（文部科学省・経済産業省・総務省の混成部隊）の一員として、文部科学省内の改革勢力の皆さんとも気持ちをひとつに、この一連の教育ＤＸ政策を推進している当事者の１人です。

本書では、２０１８年から経済産業省がＧＩＧＡスクール構想の実現を想定して進めてきた、「１人１台端末で変わる学校の姿」を実証する「未来の教室」プロジェクトをご紹介します。そして、走りながら考えている教育改革についての私見をお話しします。

このシゴトはすべてが現在進行形であり、いまも日々ユラユラと揺れ続けている自分の頭の中を晒すのはとても不安です。そもそも、「民主政の黒衣《くろご》」であるべき行政官が私見を堂々と著作に残すことへの躊躇もあります。しかし「１人１台端末」を活かした新しい学習環境づくりに汗をかく学校、教育委員会、ＰＴＡなどの皆さんにとって何かヒントになる点があればと願い、また近い将来受ける政策評価や、政策過程研究にも何か貢献できる点もあればと、当事者の1人としての「いまの考え」を書き下ろしてみました。

本書では、3年かけて全国の学校の素敵な先生たちや情熱あふれる教育サービス業の方々とつくってきた事例で「未来の教室」の姿を語ります。ご紹介するのが楽しみです。

浅野　大介

2021年9月

序章 〝1人1台端末〟GIGAスクール構想の上に、どんな「未来の教室」を創るか

第1章 なぜいま、日本の教育は変わる必要があるのか

～「未来の創り手」たちの「当事者意識」を削らず、磨くために

第2章 「未来の教室」の基本構造はこうなる

〜「スマホ的な構造」をした「誰もがそれぞれ満足できる」学校

第3章 「学びの自律化・個別最適化」がはじまる

～ヒントは「パーソナルトレーニング」と「当事者研究」にある

第4章 「学びの探究化・STEAM化」がワクワクを生む

～「ホンモノの課題」から始まる「いいシゴトをする」学びへ

第5章 サード・プレイスという「未来の教室」
～「夢中になる」を正当化してくれる、「本当の居場所」が必要だ

終章

2025年、どんな「未来の教室」を創りますか？

～「高信頼性組織」であり、「いいとこ取りの組み合わせ」が可能な場に

序章

“1人1台端末”GIGAスクール構想の上に、どんな「未来の教室」を創るか

「1人1台端末配備」という政策転換から始まる「教育DX」

「はじめに」で触れましたが、政府では、2021年9月に発足したデジタル庁に文部科学省・経済産業省・総務省のGIGAスクール構想の関係管理職が併任され（私もそのひとりです）、省庁のタテ割りを溶かしたワンチームでの教育のDX（デジタル・トランスフォーメーション）の検討を進めています。

伏線は数年前に遡ります。2019年12月に閣議決定した「GIGAスクール構想」による「国主導で補助金を投下して1人1台端末環境を整備」の方針は、「自治体主導で、地方財政措置を使って3クラスに1クラス分の端末環境を整備」という従来方針の「大転換」でした。さらにその伏線として、その1年前の**2018年から経済産業省は「1人1台」前提の「未来の教室」実証事業をスタートしていました**。それは「先生も生徒も、ネットと安全なクラウドに常時接続し、1人1台端末を〝文房具〟として普段使いする環境」がもたらす学びの効果を実証するためでした。

GIGAスクール構想によってこれが現実になる今後、教育には大きな変化が起こります。文部科学省所管の「学校教育」と、経済産業省所管の「民間教育」や「グローバル産

GIGAスクール時代の生徒の「居場所」

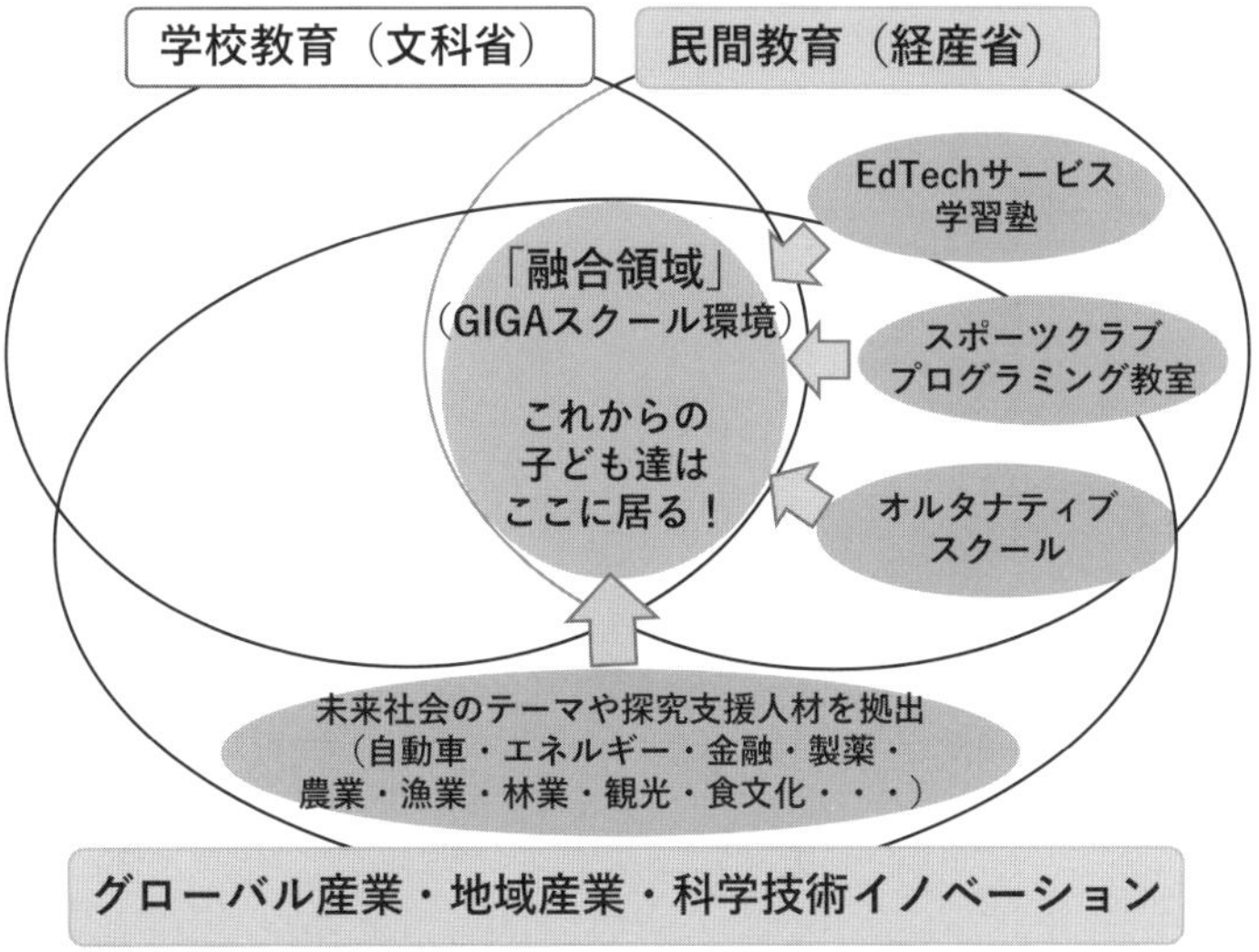

業・地域産業・科学技術イノベーション」の関わりが上の図のように変わるはずなのです。

生徒も先生も民間教育発のデジタル教材（EdTechの一類型）を選んで自由に使えて、Google検索もZoomでのビデオ会話も自由自在になることで、学校にいながらにして真ん中の「融合領域」にいることができるわけです。

要は「学習環境や手段の選択肢」が桁違いに豊かになり、世界中・日本中の知恵を集めた「いいとこ取りの組み合わせ」によって一人ひとりに最適な学習環境をつくれるはず、そして都市・地方間の格差や家庭環境の格差がかな

り解消されるはずなのです。

そこでは「いままでの一律・一斉・大量生産型の教育ではなく、一人ひとりが学習ログ（記録）の分析によって自己認識を深め、自律的に自分に適したEdTech教材や指導者や学習場所を組み合わせ、気づけば学習指導要領が求める資質・能力はそれなりに身についている学び」、そして「日本中・世界中からネット・リアルを問わず知識を集め、対話し、思考する中で、大学や企業が取り組む〝ホンモノの課題〟と〝学校で習う国語や数学や理科や社会などの単元〟も自然に接続され、中高生でも〝ホンモノの課題〟の当事者として学際的な探究の入口に立てる学び」が実現できるようになります。

私たちは、前者の変化を**「学びの自律化・個別最適化」（第3章で詳述します）**、後者の変化を**「学びの探究化・STEAM化」（第4章で詳述します）**と呼んで、これらを経済産業省「未来の教室」プロジェクトの基本コンセプトの2本柱に据えました。

「それは文部科学省の学習指導要領との整合性はあるのか？」とよく問われます。

当然、大アリです。むしろ私たちの狙いは、文部科学省と中央教育審議会が2017年改訂学習指導要領（2020年度から実施）の中に埋め込んだ**「主体的・対話的で深い学びへの転換」という理念を「絵に描いた餅」にせず「本気で実現する」こと**でした。

私は2017年改訂学習指導要領の発表当時、その理念の奥行きの深さに驚くとともに「果たして、これをいまの学校でどう実現するつもりだろうか」と感じ、その理念に対する政府内の共鳴者として徹底的に共闘しようと決めました。

教育は、人の幸せ・経済・社会のすべてを左右する「究極の未来投資」ですから当然です。

私たちが優先したのは、まずは学校に1人1台端末前提のICT環境を一気に整備し、**教育DX（デジタル・トランスフォーメーション）を進めること**でした。

「誰もがそれぞれ満足できる」「ホンモノの課題から始まる」学習環境に

教育DXとは「学校のICT環境整備」のことではなく、整備したICT環境を活用した「学校のシゴトの構造」のトランスフォーメーション、つまり「**生徒の学び方と先生の働き方の生まれ変わり**」のことです。

こうして生まれ変わる学習環境を、**私たちは「未来の教室」と呼んでいます**。

それは従来の一律・一斉・大量生産型の学習環境とは違い「子どもは一人ひとりみんな違う」ことを大前提にした「**誰もがそれぞれ満足できる**」学習環境、そして「単なるお勉強」ではなく社会や生活の「ホンモノの課題から始まる」学習環境です。

そんな学習環境を全国あまねくどの地方にも、どんな家庭環境の子にも届けるための必須アイテムがEdTechです。それはEducation（教育）とTechnology（テクノロジー）を合わせた造語で、デジタルハリウッド大学大学院の佐藤昌宏教授によれば「デジタル技術を活用して教育に大きな変革をもたらすサービスや技法、そこから生まれる教育イノベーション全体を指すもの」です。

たとえば、アメリカの大学ではMOOCs（ムークス／Massive Open Online Courses）と呼ばれるオンライン講義プラットフォームが生まれ、パソコンやスマホで世界中から無料で一流大学の最先端の講義をビデオ視聴でき、確認テストにアクセスしながら学習できます。EdTechの登場で学習スタイルには様々な選択肢が生まれました。

第3章以降でも、誤答の原因から学ぶべき場所を推定してくれるＡＩ型教材、オンライン英会話をはじめ、たくさんのEdTechが登場します。それらの活用によって、大学のみならず小中学校でも高校でも、一律・一斉・大量生産型で「ライブ限定での講義」は「何度でも再生可能な動画」に姿を変えるでしょう。たとえば**中学や高校の先生が同学年5クラスで同じ内容の講義を5回話して回る必要はなくなり、**先生は動画を踏まえた深い議論や、相談相手としての役割に集中できるようになるでしょう。

それは、居場所や学年や時間の制約も受けず、一人ひとり違うトレーニングプランを先生との「約束と習慣」のもとで主体的に実行する、新しい学びの姿です。

そして、**日常生活や社会課題や先端科学などの「ホンモノの課題」に向かい**、同じ課題に向かう学校内外の仲間との協働で、**「ヨコ割り」の探究と「タテ割り」の教科知識がつながる。**そんな第1章で紹介する事例のような「生きた学び」を、様々な職能に分化されたたくさんの指導者・支援者が「チーム」で助けてくれる学校の姿です。

学校は、「なんでもかんでも教科書や教科書準拠教材で学ぶもの」「なんでもかんでも教員免許を持った教員が教えるべき」「先生は自作プリントを作り、綺麗な板書と上手な講義をするべき」「生徒はいつも集団で対面して過ごすべき」といった、無数の情緒的な「べき論」や現代のテクノロジーの活用可能性を無視した古臭い制度に縛られています。しかし、せっかく「未来の教室」を構想するのなら、2025年前後までに集中的に制度改革も行う前提で「学校の当たり前」を一度捨てて考えるのが建設的なはずです。所詮は人間のつくった制度や慣習なのですから。

教育DXで生まれる**「未来の教室」では、世の中にあふれる優れたEdTech教材、指**

導者・支援者、時間や場所も融通無碍に組み合わせて学ぶことが可能になります。たとえば教育YouTuberの葉一さんの無料講義動画、予備校のカリスマ講師が語るスタディサプリなどの講義動画をどんどん生徒が使い、先生も生徒もＬＭＳ（学習管理システム）上に「個別学習計画と学習ログ」や単元コードによって学習ログを整理して学習到達度を確認しながら学び、評価する、そのような学びが容易になります。

こんな教育ＤＸを日本中の学校で無理なく実現することが、生徒のよりよい学びを支えるだけでなく、先生自身の時間的余裕を保障し、先生も職員室を飛び出して学校外の人材と関わり、楽しく学び続けるための「唯一解」でもある気がするのです。

「主要教科」の意味も変わる「未来の教室」

本来、学校という全人教育の場では**「面倒臭くて、手間のかかる、答えのない問い」に向かう「あっち行ったり、戻ったり」の探究・協働・試行錯誤の時間**がもっと大事にされるべきです。そのためには「答えのあるお勉強」はEdTech教材のフル活用で効率的に習得し、「探究・協働・試行錯誤」の時間を最大限捻り出す必要があります。

そもそも「答えのあるお勉強の指導」では、学校はサービス業としてＡＩ型教材などを生み出す教育産業の進化に勝てません。この「お勉強ドメイン（領域）」では学校は教育産業と張り合わず、**教育産業が生み出すEdTechを使いこなす側に立つ**（つまり「他人の褌で堂々と相撲をとる」）べきです。そして「**面倒臭くて、手間のかかる、答えのない問い」に集中すべきです**。大学入試改革が頓挫して教育産業は「探究ドメイン（領域）」に出てこないため、学校だけが頼みの綱です。専門性のある研究者や企業人など外部人材の協力を得て探究を進め、教員も生徒もともに成長を続ける機会にすべきです。

そして、「未来の教室」では学校における「主要教科」の考え方も大きく変わるはずです。**「ホンモノの課題」に向き合う「探究・情報・技術・家庭・音楽・美術・保健体育、特別活動」が「主要教科」**と呼ばれ、**「英語・国語・数学・理科・社会」はそこに活かされるツール**という位置づけに変わるでしょう。こうした考え方は、まず２０３０年代の学習指導要領の中には正式に、色濃く反映されていって欲しいところです。

２０１８年１月に発足した『「未来の教室」とEdTech研究会』（座長：森田朗　東京大学名誉教授）では、１３０名を超える教育長・校長・教員やEdTech事業者の皆さん、そして中高生・大学生とも議論をして10項目からなる**「未来の教室のラフ・スケッチ」にまとめ、２０１８年６月にまとめた「第１次提言」に盛り込みました。**これが、「未来の教室」

「未来の教室」とEdTech
研究会第１次提言

プロジェクトで実現すべきと考える「十則」となりました。

①幼児期から「50センチ革命×越境×試行錯誤」をはじめる
②誰もが、どんな環境でも、「ワクワク」（遊び、不思議、社会課題、一流、先端）に出会える
③学習者が「自分に最適な、世界水準のプログラム」と「自分に合う先生」を幅広く選べる
④探究プロジェクト（STEAM（S））で文理融合の知を使い、社会課題や身近な課題の解決を試行錯誤する
⑤常識・ルール・通説・教科書の記述等への「挑戦」を（失敗も含め）「学び」と呼ぶようになる
⑥「教科学習」は個別最適化され、「もっと短時間で効率化された学び方」が可能になる
⑦「学力」「教科」「学年」「時間数」「単位」「卒業」等の概念は希釈化され、学びの自由度が増す
⑧「先生」の役割は多様化する（教える先生、教えずに「思考の補助線」を引く先生、寄り添う先生）
⑨EdTechが「教室を科学」し、教室は「学びの生産性」をカイゼンするClass Labになる
⑩社会とシームレスな「小さな学校」に（民間教育・先端研究・企業／ＮＰＯと協働、企業ＣＳＲ／ＣＳＶが集中）

詳しくは右頁上のQRコードから提言を読んでいただければと思います。この「十則」が描いたのはまさに「誰もがそれぞれ満足できる」「ホンモノの課題から始まる」学校の姿です。生徒一人ひとりが特性や事情によってたくさんの選択肢を「いいとこ取りの組み合わせ」できる教育DXの姿を描きました。

「教育とデジタル」、相容れなかったこの2つのお見合いを成就させて、トランスフォーメーション（生まれ変わり）を進めてみませんか。

教育とデジタルをめぐる「出口のない会話」は、もうおしまい

「教育とデジタル」というと、我が国では20年近くもこんな会話が繰り返されました。

「多くの先生はパソコンやネットを教育に使う必要性を感じていない」
「教師がパソコンに習熟する前に生徒にパソコンを渡したら、学校が混乱する」
「教師が多忙でパソコン研修の余裕などない」（だから多忙も解消しないのに）
「学習のデジタル化は格差を広げてしまう」（それはある種のデマなのに）
「教育は〝流行〟に踊らず〝不易〟が大事だ」（デジタルはもう社会基盤なのに）

この手の「出口のない会話」に早く終止符を打たないと、**世界の教育がこの先どう進化していこうと、日本では10年後も同じ堂々巡りが続く気がしました。**文部科学省も教育界でのこうした異論や誤解に手を焼き、デジタル化に向けた大胆な財政出動にも踏み込めませんでした。そんな光景を眺めながら、経済産業省で未来の社会での「人の幸せ・社会の活力」を考えていた私たちは、文部科学省などと一緒にこの状況を打開する方法を考え始めました。

そうして「未来の教室」プロジェクトを立ち上げ、参画する全国の小・中・高校を訪ねると、「明るい未来予想図」がはっきり見え始めたのです。第3章や第4章でご紹介しますが「未来の教室」実証校でひとたび1人1台端末が使われ始めると、まず生徒が変わりました。EdTechで自学自習を始めて自分なりの学び方を模索し始め、クラスを飛び越えて対話的に探究的に学び出しました。

そして先生たちはそんな生徒の変化が嬉しくて、従来の「一律・一斉・大量生産型」の指導法を捨て、学習ログを味方にして、個々に寄り添う「コーチング型」の指導を始めたのです。

そんな「明るい未来予想図」が見え始めたからこそ、**まずは一気に国庫補助金を投下し**

て学校のＩＣＴ環境整備を済ませる必要を感じました。

同じ国費でも「各自治体にお渡ししてある地方財政措置の中でやりくりしてね」とお願いするだけでなく、**最初は国庫補助金もドンと投入して、「国の本気」を自治体にビシビシ感じていただく必要がありました。**

２０１９年10月の消費税増税の前後に大型の補正予算が編成されるのはだいぶ前から予測がついていましたので、「一発勝負」を仕掛ける相談を文部科学省の幹部の先輩方と重ねました。特にこの年の秋は毎日毎晩、休日も返上で、電話やＳＭＳで細かに連絡を取り合い、財政当局の納得を得るための理屈を整え、総理官邸や与党の国会議員のご理解・ご支援をいただくべく説明に駆け廻り、組織の壁を越えて力を合わせて成就したのが「ＧＩＧＡスクール構想」でした。

いまはまだ、**学校にＩＣＴ環境を整備する「土管工事」を終えただけで、教育ＤＸなど始まってすらいません。**私たちは教育ＤＸの「入口」にたどり着いただけです。

数年後、配った端末が学校で十分使われず「4万5０００円のデジタル文鎮」と化すのか、「主体的・対話的で深い学びへの転換」を実現する道具に化けてくれるのか。

いま、学校現場も、政府にいる私たちも、その「分かれ道」に立っています。

教育DXとは「学校ICT環境整備」のことではありません。GIGAスクール構想で一気に整備したICT環境を土台にして、学校の「シゴトの構造」（生徒の学び方、先生の働き方）をすっかり「生まれ変わらせること」です。教育界のしがらみとは無縁な経済産業省だからこそ、また企業も行政もDXで生まれ変わるいまだからこそ、「生まれ変わる学校の姿」を世に問います。そのほうが文部科学省も「動きやすい」からです。

それが、本書でご紹介する経済産業省「未来の教室」プロジェクトです。

教育は「社会の前衛」「最強のゲーム・チェンジャー」

日本型学校教育、つまり**いまも息づく「昭和の学校」は20世紀の工業化社会にフィットしました。**学校が得意とするのは「常識があり、組織の規範や指示に従い、与えられた役割をミスなく果たせる力の構築」です。戦後の学習指導要領は「あの時代の、あの産業構造や社会構造」にフィットし、「昭和の学校」育ちの人材と組織の力で日本の産業も1990年代までは世界的な存在感を保ち、日本社会は全体として一定の豊かさを手にしました。一方、日本社会は「全体」に合わない「規格外の個」には結構冷淡で、「個性は大事」と言いながら、空気を読んで主張を抑え、規律に従うことを是としてきました。

そして、時は2020年代。もはや世界のビジネス・政治・行政における「価値創造」のやり方が激変する中で、**「日本育ちの人たちの組織」の多くは、ことごとく大きな曲がり角に立たされています。**日本社会とその「母体」である学校教育の「かつての長所」はすっかり「短所」に変わり、学校も多くの企業や行政組織と同様に、大きく生まれ変わる必要に迫られています。確かに学校は「社会の映し鏡」ですが、同時に明治の近代国家建設時のような「社会の前衛（アバンギャルド）」でもあって欲しいです。

たとえば「課題の本質はここ」と急所を見極めたり、異分野の事例からも成功・失敗の本質を炙り出して応用したりの**抽象化思考**や、「いまのやり方を続けて、本当に目標を達成できるのか」とデータや記録を眺めながら仮説を検証し続ける**論理的思考**、そして「発散と収束の繰り返し」でアイデアを生み出す**アジャイルで創造的なコミュニケーション**の重要性が高まるものの、私たちの社会や組織、私たち自身も決してそれが得意ではない気がします。

一方、得意の「和を乱さず」「みんな仲良く」「我慢して」「中学生・高校生らしく」「自力で頑張る」という姿勢は、気づけば集団や個人の潜在力を削り、自分も組織も窮地に追い込む場面が目立ってきました。いまの学校文化は「本来ラクに済ませられる作業を徹底的にラクに、手間のかかる難しいシゴトにこそ労力を」「自前にこだわらず、依存できる相手や道具にうまく頼ろう」といった「DX社会の常識」とも距離がありすぎます。

だからこそ、未来を決定づける「最強のゲーム・チェンジャー」である教育のトランスフォーメーション（生まれ変わり）に社会の総力を投下する必要があります。教育投資には「懐妊」期間がありますから、子どもの教育に追加投資しても、効果が発現するのは10年から20年先です。

しかし、そこを甘く見て、目先の短期利益だけを追う国に未来はないはずです。

明治時代の学校教育は子どもたちを家事労働から剥がして学校に集め、村一番のインテリで師範学校卒の先生たちが、教科書と黒板とチョークと一斉講義という「当時最先端のメディア」を使って教えました。一方、**令和時代の先生たちは、GIGAスクール構想でデジタル学習環境という「新しいメディア」を手に入れました。**一律・一斉・大量生産型の詰め込み学習ではなく、自律的で個別最適な、探究的で学際的（STEAM）な学習を、デジタル技術を味方につけながら、学術支援・キャリア形成・メンタルケアの職能・専門性を持つ多様な「先生」たちがチームで運営する、新しい学校の姿を生み出せるはずです。

そのためには、いまの学校教育制度や教職員人件費や教科書等の予算の構造といった大前提も、大きく描き直していくことも不可欠でしょう。

本書ではまず、そんな未来に向けて私たちが学校や教育サービス業の皆さんと取り組んでいるチャレンジを下敷きに、問題提起をしていきたいと思います。

第1章

なぜいま、日本の教育は変わる必要があるのか

～「未来の創り手」たちの「当事者意識」を削らず、磨くために

広尾学園　医進・サイエンスコースに見る「未来の教室」

２０１７年７月に経済産業省サービス政策課内に教育産業室が発足した後、私が最初に見学に伺ったのが、広尾学園中学校・高等学校の医進・サイエンス（医サイ）コースでした。それが「未来の教室」プロジェクトでどっぷりとご一緒することになる「医サイ」育ての親、統括長の木村健太先生との運命的な出会いでした。

いまでこそ広尾学園は入試の偏差値も都内上位で、進学先も欧米・アジアの一流大学から東大・京大・医大・早慶など多岐にわたる学校ですが、２００７年頃には経営難に陥り、そこからの学校改革で新たに生まれ変わった学校です。その学校改革の中でも特筆すべき個性のある「医サイ」は中高６年間で医師や研究者として必要なマインドを育成すべく、授業、研究活動、そして中高大・産学連携を３本柱に据える、特色あるコースです。

左の写真のように、生徒たちは１人１台のChromebookを持ち、自在に調べ、文章や図表や映像で表現をし、知識を共有し、学ぶ環境の中にいます。**しかし、ここで注目すべきは、「中高生がここまでやるか！」と驚愕するほかない「研究活動」なのです。**

■ハダカデバネズミの高分子量ヒアルロン酸を用いたがん細胞の増殖抑制

広尾学園中高医進・サイエンスコース「研究活動」のテーマ

広尾学園中学高等学校　木村健太教諭作成資料をもとに筆者加工。

■モーション最適化理論の構築に向けた二次元投球モーションの筋負担解析

■現象数理学的に考えるCOVID-19における接触を減らすことの意義

　これらのテーマは、最近の「偏差値が高い」広尾学園に入学してきた生徒たちが取り組んだものの一例です。一方、次の3つは、まだ学校再建期の「まだ偏差値が高くなかった」頃の生徒たちが手掛けたテーマの一例です。

■老化の進んだ細胞からのiPS細胞作製効率亢進へのアプローチ

■プラナリアのＴＥＲＴタンパク質の発現パターン解析と寿命獲得メカニズムの解明
■光触媒反応を利用した廃水処理過程における発電及び水素発生システムの高効率化

恥ずかしながら私にはいずれも解読不能ですが、ハイレベルのテーマのようです。

木村先生は「要するに入学時の偏差値と入学後の研究力は関係ないってことですよ。**医サイの話を聞いて『偏差値高い子の話だ』とか言う人はいますけど、それは間違いで、ワクワクすれば子どもたちは夢中にもなれるんです**」と強調します。

このコースの先生たちは大学や研究機関にいる医師や研究者に協力を求め、生徒が研究に没頭するのを手伝います。外部の知恵をフル活用する一方で、先生自身も自分の研究を楽しみます。そうでなければ、探究学習のサポートなどできないのは道理です。そして、経営難から回復する途上の時代から、生徒たちの実験機器などの調達のために、先生たちはお金集めにも奔走してきたわけです。

生徒たちは中高生の時代に「研究は、世界で誰も解けてない問いをテーマに考えるもの。だからまず先行研究に当たること」という基本を徹底的に身につけます。

左の写真はｉＰＳ細胞について書かれたノーベル賞受賞者の山中伸弥教授の学術論文です。一流の学術論文は英語で書かれています。**世界レベルの先行研究を理解するにも、海**

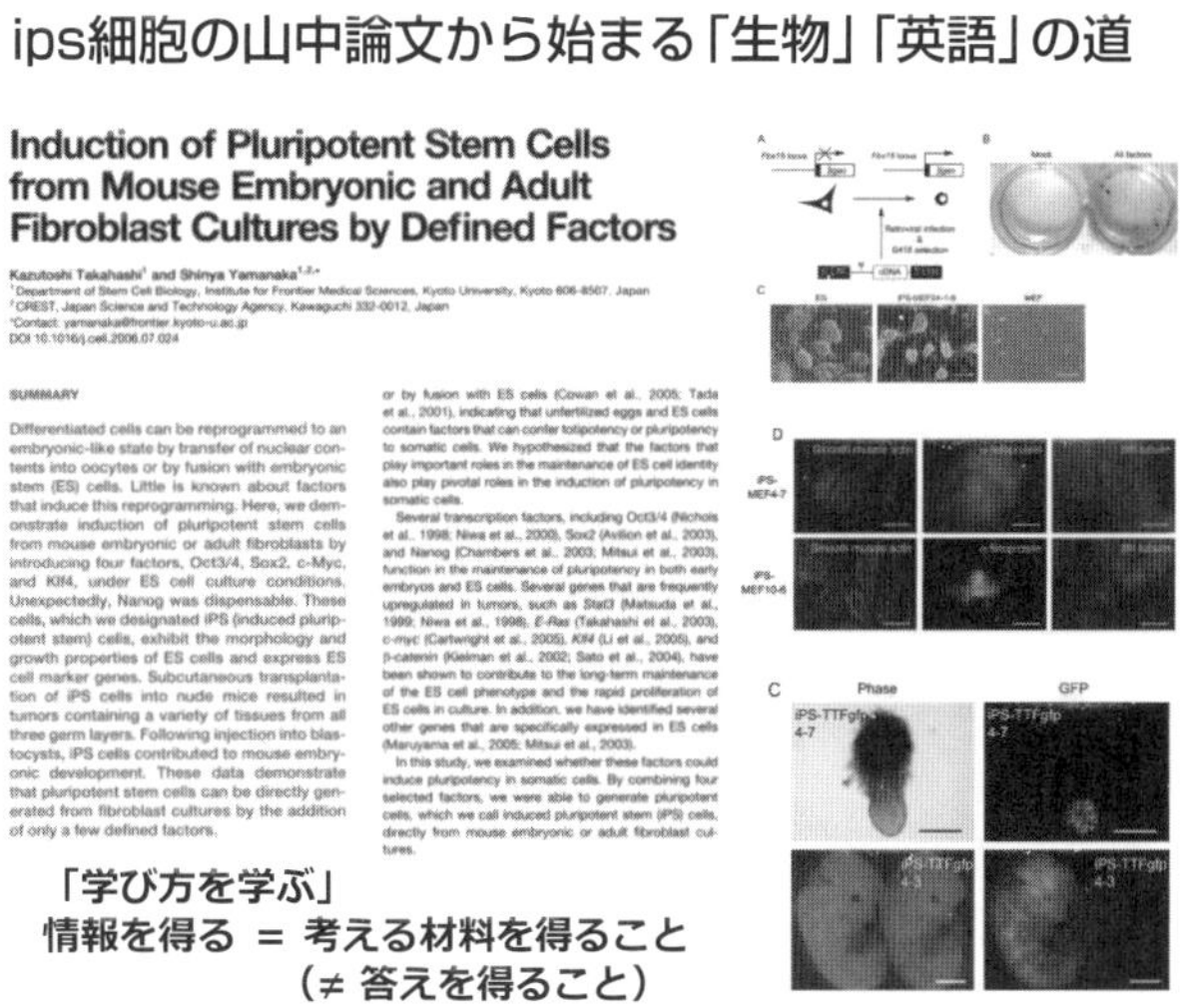

ips細胞の山中論文から始まる「生物」「英語」の道

Induction of Pluripotent Stem Cells from Mouse Embryonic and Adult Fibroblast Cultures by Defined Factors

Kazutoshi Takahashi[1] and Shinya Yamanaka[1,2,*]
[1] Department of Stem Cell Biology, Institute for Frontier Medical Sciences, Kyoto University, Kyoto 606-8507, Japan
[2] CREST, Japan Science and Technology Agency, Kawaguchi 332-0012, Japan
*Contact: yamanaka@frontier.kyoto-u.ac.jp
DOI 10.1016/j.cell.2006.07.024

SUMMARY

Differentiated cells can be reprogrammed to an embryonic-like state by transfer of nuclear contents into oocytes or by fusion with embryonic stem (ES) cells. Little is known about factors that induce this reprogramming. Here, we demonstrate induction of pluripotent stem cells from mouse embryonic or adult fibroblasts by introducing four factors, Oct3/4, Sox2, c-Myc, and Klf4, under ES cell culture conditions. Unexpectedly, Nanog was dispensable. These cells, which we designated iPS (induced pluripotent stem) cells, exhibit the morphology and growth properties of ES cells and express ES cell marker genes. Subcutaneous transplantation of iPS cells into nude mice resulted in tumors containing a variety of tissues from all three germ layers. Following injection into blastocysts, iPS cells contributed to mouse embryonic development. These data demonstrate that pluripotent stem cells can be directly generated from fibroblast cultures by the addition of only a few defined factors.

or by fusion with ES cells (Cowan et al., 2005; Tada et al., 2001), indicating that unfertilized eggs and ES cells contain factors that can confer totipotency or pluripotency to somatic cells. We hypothesized that the factors that play important roles in the maintenance of ES cell identity also play pivotal roles in the induction of pluripotency in somatic cells.

Several transcription factors, including Oct3/4 (Nichols et al., 1998; Niwa et al., 2000), Sox2 (Avilion et al., 2003), and Nanog (Chambers et al., 2003; Mitsui et al., 2003), function in the maintenance of pluripotency in both early embryos and ES cells. Several genes that are frequently upregulated in tumors, such as *Stat3* (Matsuda et al., 1999; Niwa et al., 1998), *E-Ras* (Takahashi et al., 2003), *c-myc* (Cartwright et al., 2005), *Klf4* (Li et al., 2005), and β-catenin (Kielman et al., 2002; Sato et al., 2004), have been shown to contribute to the long-term maintenance of the ES cell phenotype and the rapid proliferation of ES cells in culture. In addition, we have identified several other genes that are specifically expressed in ES cells (Maruyama et al., 2005; Mitsui et al., 2003).

In this study, we examined whether these factors could induce pluripotency in somatic cells. By combining four selected factors, we were able to generate pluripotent cells, which we call induced pluripotent stem (iPS) cells, directly from mouse embryonic or adult fibroblast cultures.

外の研究者に自分の研究を相談しようにも英語が必要だから、という「正しい動機」から生徒たちは英語の勉強も頑張ります。

また、社会の最先端を学ぶに当たって基礎を押さえる必要を感じれば教科書を頼ります。そこで**「先生、教科書ってすごいですよ！」**と叫んだ生徒がいたそうです。つまり「ホンモノの課題」から学びを始めるからこそ基礎の必要を感じ、主体的に教科書に向かい、教科書の記述が「文脈のある知識」に化けてアタマに入るわけです。中高時代の勉強にありがちな「いつか役に立つから、目をつぶって勉強」ではなく、「いきなりホンモノの課題から始める学び」を「未来の教室の当たり前」にしたいものです。

ここで多くの方が気になるのが**「探究に熱中しても受験勉強に必要な学力はつくのか？」**という点でしょう。**木村先生は明快に「スゴく効きます、当然なんです」と答えます。**

「一つの研究を掘り下げるというのは〝本質を捉える〟ことです。その過程で学び方も学びます。**そういう学術の力は、他のどんな学びにも〝転移可能な力〟です。**マニアックな研究をしているうちに、他の学問領域にも興味が広がり、学びが拡張していくのです。そして生徒たちは〝有名大学に行きたい〟じゃなくて〝この研究を深めるには〟〝研究室から論文が何本出ているか、科研費の獲得状況は、利用できる設備は、教員一人あたりの学生数は〟といった観点からの進学先選びになる。その上で受験勉強が必要なら本気でやるわけです。これ、すごくまともな進学プロセスじゃないですか？」

この研究活動を見ながら、木村先生と同じく「未来の教室」プロジェクトを一緒に創ってきた中島さち子さん（株式会社stAm代表取締役）や井上浄さん（株式会社リバネス代表取締役CTO）たちと議論して思い浮かんだのが、左頁の図に示した『**一人ひとりのワクワクが、それぞれの「創る」と「知る」を循環させる学び**』というキーワードでした。

これが、「未来の教室」プロジェクトを貫く大事なコンセプトになっていきました。

ホンモノに触れるからこそ「創る」と「知る」が循環する学び

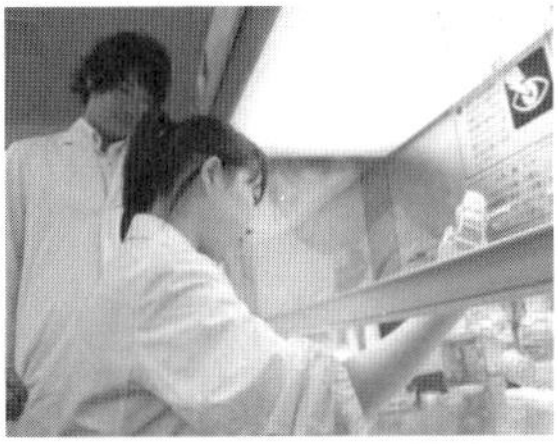

（上段左）生徒の研究を指導する木村健太先生、（上段右）高エネルギー加速器研究機構を訪問する素粒子を研究する生徒達、（下段左）東京大学医学系研究科を訪問して幹細胞研究を学ぶ。

広尾学園中学高等学校　木村健太教諭作成資料をもとに筆者加工。

一人ひとりの「ワクワク」が
それぞれの「創る」と「知る」を循環させる学びへ

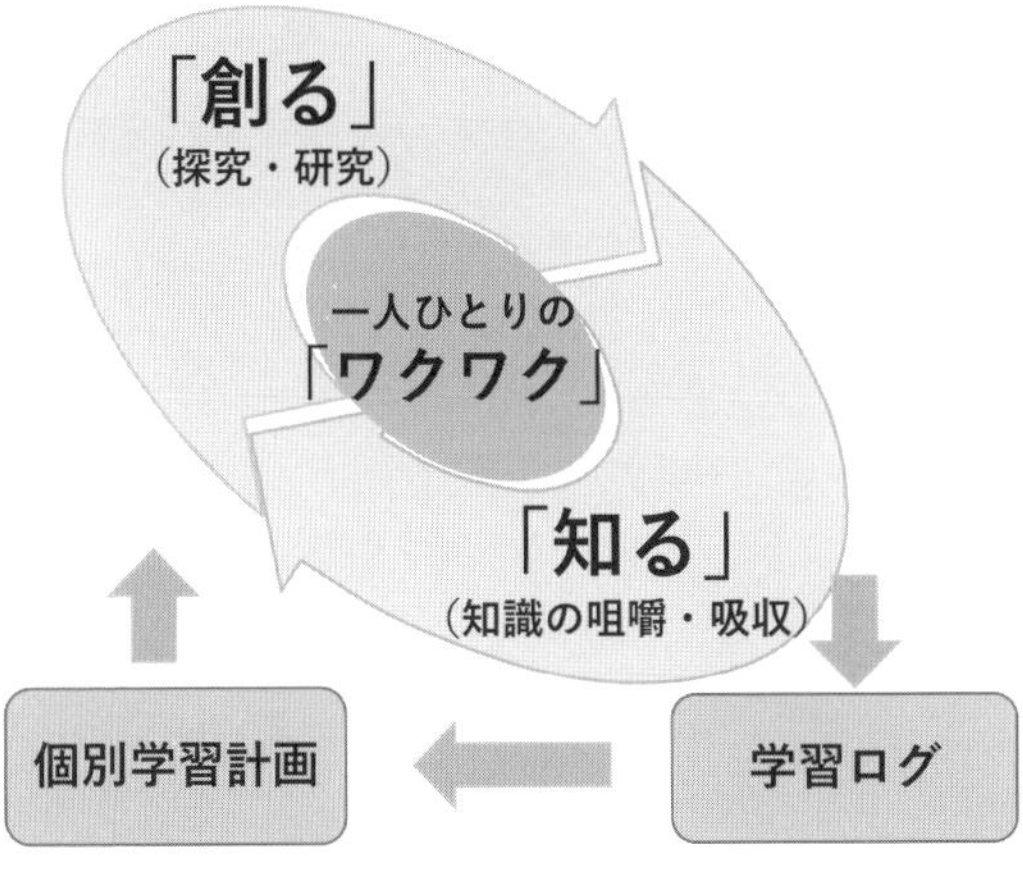

伊那市立伊那小学校に見る「未来の教室」

次は南アルプスの麓《ふもと》の町、長野県伊那市にある伊那小学校を見てみましょう。

１９９０年代に小中学校で「総合的な学習の時間」が始まった頃、１９７７年から「筋金入りの総合学習」を続けてきたこの小学校に注目が集まりました。私はこの伊那小学校や「兄弟分」の信州大学教育学部附属長野小学校など、「大正自由教育」に源流を持ち、日常生活の中の「経験」と「教科」の融合が続く小学校にたびたびお邪魔しました。

そこには45分刻みの「時間割とチャイム」がありません。毎日の学校生活は「様々な生活課題に取り組むＰＢＬ（プロジェクト型学習）」が中心で、算数や理科や社会などの教科単元の内容は、プロジェクト遂行上の必要に応じて随時織り込まれます。

この学校で一日中・一年中行われる、動物の飼育や繁殖、食物の栽培や加工や調理、材木を使った小屋づくりなどをベースにした知的でダイナミックな学習では、算数・国語・理科・社会などの**教科は、「文脈のない知識」ではなく、毎日のプロジェクトを進める上での必要性という「文脈」を伴って子どもたちの前に現れます。**

ＰＢＬでのアウトプットと教科知識のインプットが往還するので、タテ割りの教科知識がヨコにつながる感覚や、知識を自力でたぐり寄せていく学びを経験でき、学習指導要領が求める知識・技能も思考力・判断力なども自然に身についていくわけです。先生たちは日々の子どもたちの発見やつぶやきを丁寧に拾い、それを知的に深めたり広げたりするために毎日の授業計画を検討し続けます。そうして**「経験」が「教科書の知識」に生命を吹き込み、「文脈のある知識」として子どもの頭に吸収されて「行動の工夫」につながります。**

冒頭で紹介した広尾学園「医サイ」の「研究活動」と同じ構造です。

この伊那小学校の「ある一日」を覗いてみましょう。

野菜を育てるクラス、味噌や醤油を作るクラス、動物を繁殖させ飼育するクラスなど、日常生活の課題解決のプロジェクトを軸に毎日の学習は進みます。1つのPBLを3年間継続します。卒業生に聞くと、同時に複数のPBLを行うこともあったそうです。

たとえば3年生の「もやし」を育てるクラスでは、床一面に大量のプランターが並び、グラフや観察記録が壁一面に貼られていました。「去年のバザーに向けた大量生産の失敗を踏まえ、今年はどう改善するか」を考え、もやしの成長を日々計測し、グラフ化し、プランターごとに肥料の配合を変える対照実験もします。プロジェクトの合間に、必要な算数や理科の知識もインプットされ、日々の「シゴト」としてアウトプットされます。

伊那小学校伝統の「生活経験と教科の融合」

（左）３年生の教室「もやし工場」では「バザーで売れるもやしの大量生産」に一番良い方法を模索して、ちゃんと対照実験も進める科学の姿勢がある。（右）小屋づくりも、この建物には何が大事で課題は何かという「抽象化思考」と、目的と手段を合わせて段取る「論理的思考」にあふれる。

「ヤギの繁殖と飼育」をテーマにした2年生のクラスでは、ヤギの小屋を建てる時には、上の黒板の写真にあるように**「いま見た事実」をもとに「何のために、どこを、どう、改造するか」についての抽象化思考・論理的思考を繰り返していました。**子どもたちは力学の基礎も押さえながら、有効な声がけをして、成果物のイメージを確認し合いながら、「これでダメなら、次はこうしよう」と様々な選択肢を繰り出していました。

　また、繁殖について、「親子を離して育てないと繁殖が始まらないよ」という獣医さんのアドバイスで校庭のヤギ小屋にフェンスを自作して、親子を隔離しました。ここで1人の子が「夜に様子を見にきたら、親子がフェンス越しに身体を寄せあって寂しそうだった」と言いました。これはとてもいい問題提起でした。悩みながらその後もヤギの生態を観察し続けた子どもたちは「ヤギの親子関係を人間の親子と同じに考えるのは間違いかもしれない」という冷静な判断で、隔離フェンスを維持したのです。

つまり**「情緒に引っ張られて科学を見失う」オチにはならなかったのです。**

そこにいるのは、**子どもだけど豊かな当事者意識で「いいシゴトする人たち」でした。**

輝く未来のヒントは、伝統的な学びの中に脈々と受け継がれているものですね。

イエナプラン教育に見る「未来の教室」

経済産業省「未来の教室」プロジェクトを具体的に構想する上で、欧州の「イエナプラン教育」の考え方から影響を受けました。最近は、長野県南佐久郡佐久穂町に２０１９年に開校したイエナプランスクールの茂来学園大日向小学校のほか、この教育手法に影響を受けた学校改革が、広島県福山市立常石小学校をはじめ日本の「一条校」（学校教育法第一条に基づき設置された学校）で始まっています。

イエナプラン教育では、まず教室を「リビングルーム」として捉えます。そんな内装や什器を自在に動かしうる教室の中で、**「ワールドオリエンテーション」**という教科横断型の総合学習・協働学習の時間と、**「ブロックアワー」**という自己調整型の基礎学習・個別学習の時間により、子どもたちは自分が必要な学びを自律的・協働的に学んでいきます。

大日向小学校のＨＰ上の説明によればワールドオリエンテーションは日々の学習の中心的な活動です。学校全体で取り組むテーマに沿って、教科横断的に学習を進めます。実際に世界で起こっていること（身近なことから地球規模の社会課題まで）について、教科で学んだことを活用し、グループのメンバーと協力して総合的に学びます。

ブロックアワーでは、グループリーダー（教師のこと）が、１週間を基本単位として、各教科の基礎的・基本的な学習や、ワールドオリエンテーションに必要な課題を設定します。子どもたちは**「しなければならない課題」**と**「自分自身が選択した内容」**について、どう学ぶかについて**週ごとの「個別学習計画」**を立てて、グループリーダー（教師）による子どもたちのタスク量の調整の支援も受けつつ、自己調整しながら学習を進めます。わからない点は自由に歩き回って人に聞き合うこともできます。また、ワールドオリエンテーションの中で生まれた問いを深めるために、ブロックアワーでも必要な知識を得ていくという循環によって、「意味のある学び」が生まれるようです。

左頁の時間割は、大日向小学校のスケジュールです。こうして、午前は２つのブロック

日本のイエナプランスクールの時間割
（茂来学園大日向小学校 HPより）

大日向小学校のスケジュール表（例）

	月	火	水	木	金
8:00	8:00学校オープン／8:10頃スクールバス到着				
8:30	サークル（対話）				
8:45	ブロックアワー				
10:15	あそび／おやつ				
10:45	ブロックアワー				
11:50	ランチ				
13:00	あそび		サークル（対話）	あそび	
13:15	ワールドオリエンテーション	あそび 外国語 BH ワールドオリエンテーション BH 外国語	13:15 スクールバス出発	ワールドオリエンテーション	ワールドオリエンテーション 催し
14:45	サークル（対話）			サークル（対話）	
	15:25 スクールバス出発			15:25 スクールバス出発	

職員室（左）も教室（右）もゆったりとした「リビングルーム」

アワー、午後はワールドオリエンテーションの時間として使い、学びます。繰り返しますが大日向小学校は日本の学校教育法に基づく「一条校」です。

つまり、どこの学校でもやろうと思えばできる「未来の教室」の姿ということです。

「4度目の正直」：ワクワクが「創る」と「知る」を循環させる学びへ

広尾学園「医サイ」、伊那小学校、イエナプラン教育、そして第3章の本編と対談でご紹介する、工藤勇一先生が校長として改革を進めた千代田区立麹町中学校。私はこれらの学校を知り**「現行制度内でも学校現場がその気になればいろいろできる」ことがよくわかりました。**要するに、「学校の限界」についての思い込みが崩れました。

経済産業省「未来の教室」プロジェクトで目指す『一人ひとりのワクワクが「創る」と「知る」を循環させる学び』という姿、そのための「学びの自律化・個別最適化」「学びの探究化・STEAM化」という2本柱のアプローチは、これらの事例の上に「教育DX」を掛け合わせて着想したものでした。

日本の近代教育史を振り返ると、こうした日常生活や社会事象の経験をベースにした探究学習を重視する**「経験主義」**と、系統立った知識の習得を重視する**「教科主義」**との間では、不毛な二項対立が繰り返されてきました。伊那小学校などを生んだ大正自由教育は広がらず、第二次世界大戦後の戦後新教育も「這い回る経験主義」と揶揄され、つまり「身近な生活課題を相手に行き当たりばったりに這い回る経験では、知の体系が身につかない」と批判され、「社会の要請」を前に頓挫しました。それが「基礎と常識を詰めこまれた均質的な企業戦士や工場労働力」を大量に必要とした「社会の要請」でした。

「3度目の正直」で文部官僚であった頃の寺脇研さんたちが仕掛けた平成の「ゆとり教育」も、強すぎた昭和の成功イナーシャ（慣性）とPISAテストの不振を理由に潰され、「脱ゆとり」で教科主義の強化へと再び急旋回しました。

日本の教育も、**そろそろ経験（＝創る）と教科（＝知る）の二項対立を「4度目の正直」で終わらせてはどうか。**そんな思いから生まれた『ワクワクが「創る」と「知る」を循環させる学び』というコンセプトを、「未来の教室」プロジェクトの軸に据えました。

この二項対立を終わらせるには「時間の有効活用」と、教材や指導者・支援者について「いいとこ取りの組み合わせ」が必要です。探究学習は行ったり戻ったり迷ったりで「時間と手間」がかかるし、探究テーマを深めるには専門家の知恵が不可欠だからです。

ここで鍵を握るのが、EdTechなのです。「教科の基礎知識の構築を能率的に仕上げて探究学習に使う時間の余裕をつくる」「探究の中身を深めるための調査研究、文書作成や計算、専門家とのコミュニケーション」のために様々なEdTechを活用したらよいのです。

EdTechは教科学習を効率化し、探究学習にも深い奥行きを与える

学習をスポーツに例えると、EdTechの役割がわかりやすいかもしれません。

教科書を一通り理解する意味での**「教科学習」はスポーツでいえば「筋トレや基礎練習」**に当たります。単調でつまらないものですが、しかし、自分の課題に対応した個人メニューをきちんとこなさないとスポーツ選手として成長が止まるように、教科学習は学術の「足腰をつくる」意味を持ちます。一方で**「探究学習」は「対外試合・部内マッチ」みたいなもの**で、ここで高いパフォーマンスを見せることこそが「学びの目的」です。

もし「筋トレや基礎練習」だけにやたらと時間をかけて、一向に「対外試合・部内マッチ」がない部活に入ったらバカらしくて退部しますよね。しかし、いまの学校は大体そんなスタイルであるため、多くの生徒は学ぶことに「ワクワク感」を感じられません。

ぜひ「筋トレや基礎練習」に当たる「教科学習」と、「対外試合・部内マッチ」に当たる「探究学習」を両立させたいのですが「時間は有限」です。「行ったり戻ったり」して

深い探究を進めるには、**各教科で最低限身につけてほしい基礎知識は「効率よく吸収する」ことが必要です。ここでＡＩ型教材やMOOCsといったEdTechが威力を発揮します。同時にEdTechは探究学習にも深い奥行きを与えます。**たとえばGoogleなどの検索エンジン経由でネット上から専門知識を集めたり、Zoomなどのビデオ会議で研究者やプロフェッショナルたちにインタビューを繰り返すことはとても重要です。そもそも中高生が「本気になれる探究テーマ」を探すこと自体とても大変ですが、探究のネタや途中成果を学校の壁を越えて共有できる（第4章で取り上げる）STEAMライブラリーのようなデジタル・プラットフォームも探究の入口になりえます。

広尾学園や伊那小学校のような、経験と教科が融合した探究的な学校を「特殊事例」にとどめることなく、新しい「学校の当たり前」にする「4度目の正直」を起こすためには、様々なEdTechをフル活用した「教育ＤＸ」を進めることが不可欠だと感じました。これが、私たちが文部科学省とともにＧＩＧＡスクール構想を推進した際の問題意識でした。

「受動的・一方的で浅い学び」はもうヤメにする、ということ

２０１８年にＯＥＣＤ（経済協力開発機構）が示したOECD Future of Education and

Skills2030では、２０３０年から先の社会を生きる子どもたちに育むべき、自分も周囲も幸せ（Well being）な未来を創造するために必要な力を次の3点に集約し、「教育とスキルの未来」を提起しています。

①新しい価値を創出する力（Creating new value）

②対立やジレンマを克服する力（Reconciling tensions and dilemmas）

③責任ある行動をとる力（Taking responsibility）

そして、これらを回すエンジンとしての「当事者意識」（Agency）。

要約すれば**「子どもたちが強い〝当事者意識〟を持ち、〝対立やジレンマ〟を克服して〝いまよりよい状態〟を〝責任持って仕上げる〟力を身につけられる教育にしよう」**ということです。そして、ＯＥＣＤでのこの議論にも影響を与えたという２０１７年改訂学習指導要領は、子どもたちを「よりよき社会」と「幸福な人生」の創り手に育むべく、**日本の学校教育を「主体的・対話的で深い学びに転換しよう」**と言い切っています。

裏を返せば「受動的・一方的で浅い学びはもうヤメにしよう」と言っているわけです。

２０１７年当時の合田哲雄課長時代の文部科学省教育課程課は、覚悟を持って強烈なメッセージを発したと受け止めるのが正しいはずです。私たち経済産業省チームは、当時もいまも、この「合田組」の思いを一緒に実現するつもりで汗をかいています。

社会課題や生活課題が放置されない「よりよき社会」は、一人ひとりが「いいシゴト」をした結果として、様々な困りごとが次々に解決されて初めて成り立つものです。そして、私たちが自分なりの「いいシゴト」をする上で根本的に重要なのが「当事者意識」です。

これからの日本の学校教育に期待されているのは、先生の指示を待って言う通りに動く子をたくさん育てることではなく、子どもたちの**「人生を創る当事者意識」「社会を創る当事者意識」**、この2つの当事者意識を引き出す学習環境づくりなのです。

「人生を創る当事者意識」と学校

この瞬間も、学校生活の中で当事者意識が傷《いた》んでいく子がたくさんいます。

「学年刻みの指導ノルマ」を負った先生は学習指導要領の学年該当部分を教科書で教えきろうと、学年全体を画一的なペースで統率せねばならず、次から次へと知識の伝授を重ねていきます。置いていかれた生徒は、前の学年の単元に戻って丁寧な解説を聞き直したくてもそれは叶わず、学校での時間が「消化試合」的になります。

そうして勉強への苦手意識が積み上がると、「人生を創る当事者意識」そのものまで削られていきます。「たかが勉強」ですが、そのくらい強烈なマイナスのインパクトを持ちえます。そうならないためには、生徒一人ひとりがパソコンを持ってネットにつながり、動画教材やＡＩ型教材で学び直せる環境を用意したほうがよくはないでしょうか。

そうすれば、小・中学校段階の学習に「穴」があるまま高校に上がった生徒も、みんなの前で**「わかりません」を言わされる恥をかかずに「こっそり」疑問を解消**して、再び前を向けます。仲間と疑問を共有し合ったり、単元を戻ったり進んだりの自己調整を繰り返したりする中で、**「わからない」が「わかる」に変わる経験**を積めるわけです。

こうして手にする達成感は、「目先のテスト結果が何点上がった」という次元ではなく、「自分だってやれる、これからもなんとかなる」という根本的な自信につながり、自分の人生を切り拓く「当事者意識」の回復につながるはずです。

これは、本書の第3章「学びの自律化・個別最適化」がはじまるの章で紹介しますが、「未来の教室」実証事業の現場で見られた光景なのです。

「社会を創る当事者意識」と学校

もう1つの「社会を創る当事者意識」については、既に残念な調査結果が出ています。

自分では国や社会を変えられないと思っている日本の18歳

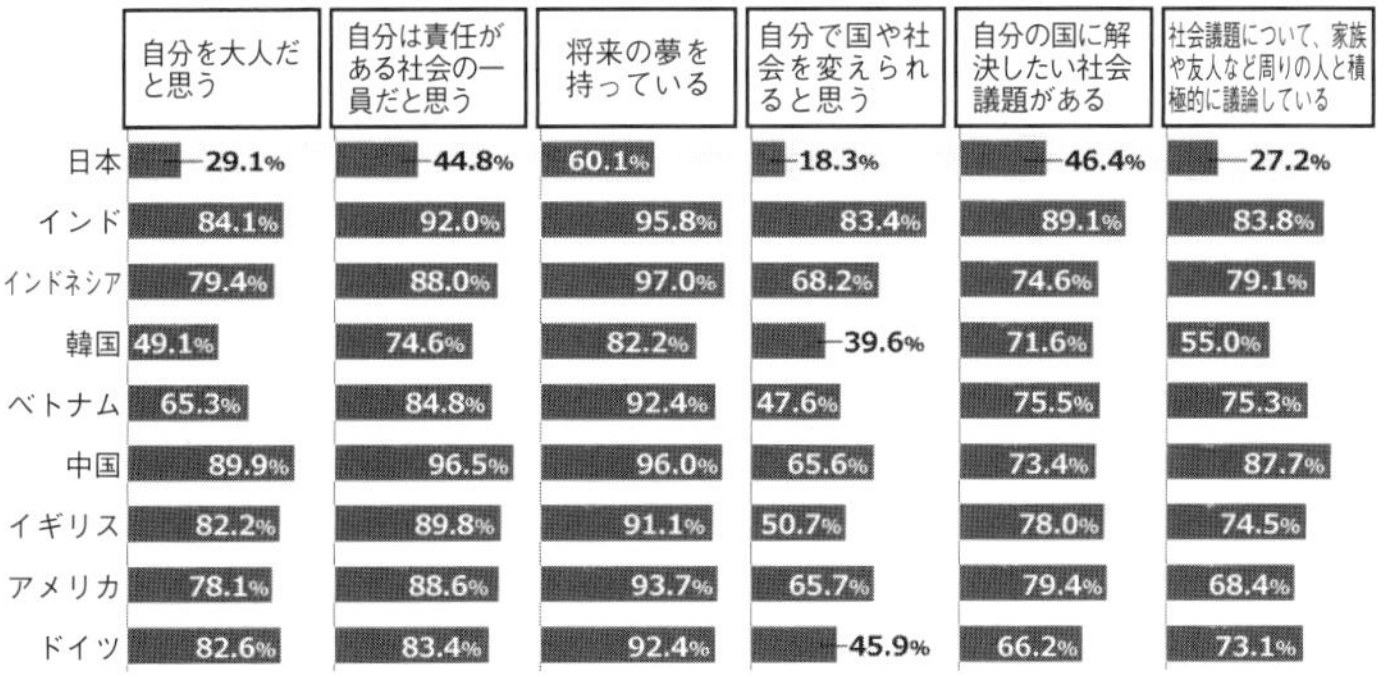

※日本財団「18歳意識調査『第20回-社会や国に対する意識調査』要約版」（2019年11月30日）をもとに作成

上のグラフにあるように、日本財団が２０１９年に実施した「18歳意識調査」における「社会や国に対する意識」の国際比較の結果です。インド、インドネシア、韓国、ベトナム、中国、イギリス、アメリカ、ドイツ、そして日本の17～19歳、各１０００人ずつを対象に行った調査でしたが、この結果は衝撃的でした。

日本人で**「自分で国や社会を変えられると思う」は約５人に１人の最下位**で、日本の次に低い韓国と比べても割合は半分以下と大きく引き離されていました。そして、そもそも**自分のことを「責任ある社会の一員」だと考える日本の若者は約44・８%**と、他国の３分の１から２分の１近い割合にとどまっていました。

日本社会は、様々な社会課題を前に「立ちすくむ」状態が長く続いています。日本企業も世界をアッと言わせるイノベーションを生み出せなくなりました。これは、**子どもの頃から「社会を創る当事者意識」を上手く涵養していないことのツケが、ボディブローのように効いていると思えてなりません。**

私は、経済産業省入省以来20年超、日本の企業やＮＰＯ、他省庁や自治体の方々とシゴトでご一緒しました。しかし優秀な皆さんも、所属する組織のあり方や前例・慣習・制度を「所与の前提」だと考える傾向がありました。「おかしい」と思っても口には出さず、強く促さない限りは意見を口にしません。

畑の違う、トップ・スポーツの世界でも同じことが起こっていたようです。

２０１９年度ラグビーＷ杯で８強入りした日本代表チームも、手記を読むと、当初は選手の「主体性とリーダーシップ」に課題を抱えていたようです。選手に強い主体性を求めたいコーチ陣と、コーチ陣からの強い指示に従うことに慣れた選手たちの間の葛藤が垣間見えます。ヘッドコーチのジェイミー・ジョセフ氏はこう指摘します。

「日本人は協調性が高く、命じられたことは最高水準の仕事で応える。ただし、完璧主義が高じて、失敗を恐れるがあまり、チャレンジしない。慎重すぎるのだ。それに咄嗟の対応力に欠けるし、命じられたこと以外は、なかなか動こうとしない。そして、自分の意見を主張することを極端に恐れる」（生島淳「桜の真実２０１９」『Number』Feb 2020）。

それもそのはず、**日本の学校には「主体的に判断して行動する」訓練の機会が圧倒的に不足しています**。そんな日本の学校で育った人が多数派を占める日本の組織が「当事者意識」に大きな弱点を抱えるのは、むしろ当然の結果です。ならば、明治以来の学校制度が育てた人材が近代国家・工業化社会建設を支えたように、しかし今回はかなり違う文脈で、**再び学校に「最強のゲーム・チェンジャー」になっていただこうと考えたわけです**。

これから「未来の教室」に生まれ変わる日本の学校で育った子どもたちが、たとえ10年以上先だとしても、社会の限界を突き破る仲間に加わってくれればよいのですから。

教育政策の「プランB」をつくる：経済産業省「教育産業室」の発足

経済産業省という役所は「日本人や日本社会が地球上でサバイバルをするために必要な課題解決を、所掌は気にせずに片っ端から仕掛けにいく組織」です。そのため、自然と他省庁の政策分野にも手を突っ込んでいくことになり、主管省庁とは違う視点から「プランB」を考えて、あらゆる手段を講じて実現まで漕ぎつけていきます。旧・通商産業省時代から脈々と「提案と実現のＤＮＡ」が受け継がれる、珍しいタイプの官僚組織です。

2017年当時、私は省内各局の筆頭課長補佐が集まって新政策や組織運営の素案を考える「大臣官房政策企画委員会」のメンバーでした。省内の「ジュニア役員会」的な気概で働くこの場でも「教育」についての議論が交わされました。

「いまの日本社会や企業組織の行き詰まり感は、〝人と組織のあり方〟でほぼ説明がつく。〝力を発揮できるシゴト環境〟と〝子どもの頃からの学びの環境〟が大事。だから教育政策についても文部科学省に〝任せて文句を言う〟のではなく、**経済産業省も教育政策の〝プランB〟を提案して実行までコミットしよう**」という機運がグッと高まりました。

そこへ、神奈川県にある聖光学院中学高等学校への出向から戻ってきた同期入省の五十《いそ》棲《ずみ》浩二君（その後、聖光学院中学高等学校校長補佐→慶應義塾大学特任講師）と経済産業省サービス政策課の課長補佐だった俣野敏道君（現・クールジャパン政策課長）とで、虎ノ門の定食屋さんでランチ議論をした時、五十棲君がアイデアをくれました。

「もともとサービス政策課では学習塾やスポーツ教室も所管しているよね。だから教育産業を所管する『教育産業室』をつくって〝看板〟を立てちゃおうよ。それで補正予算をもらって面白い実証事業を始めると、全国から面白い知恵者が集まりだすよ。（厚生労働省に〝プランB〟を当てる）ヘルスケア産業課の最初の頃もそんな感じだったよ」と。

その場で「まずは、教育産業室をつくっちゃおう」となり、保野君がさらさらと設置趣旨紙をドラフトし、私はそこに筆を入れ、大臣官房で法令や組織を管理していた同期も話をどんどん進めてくれて、経済産業省内での「教育産業室構想」が動き出しました。課長補佐クラスが組織も政策もどんどん動かす、経済産業省の伝統芸が活きました。

こうして、文部科学省との関係から表向きの所掌事務は「教育産業の振興」と小さく、しかし本当の狙いは大きく「学校も含めた日本の教育改革」。誰からも頼まれてないそんなミッションを自ら背負って「教育産業室」は発足し、私はその初代室長になりました。

「政策の進化」には欠かせない、2つのキョウソウ（競争と協創）

20年の役人生活の中でわかった、大事なことがあります。

政策が進化するには、**政府の中に常に「2つのキョウソウ」（競争と協創）が欠かせないのです。**価値観に開きのある役所同士が競い合って政策を考えることが不可欠です。

経済では「独占市場は悪」、政治についても「一党独裁は危ない」と感じる方でも、行政についてては複数の省庁が同じような政策を進めることにムダを感じる方は多いはずです。しかし、そこには大きな「落とし穴」があるわけです。

主管省庁が1人でいる、または「似たような組織文化の省庁」だけが集まっている「政策独占」状態の政策分野では、気づくと多様な価値感や視点からのツッコミや知恵が一切入らなくなります。すると政策形成過程が「ムラ社会化」し、やがて政策の進化が止まります。つまり**行政の世界においても、やはり「独占は悪」なのです。**

たとえば経済産業省が主管するエネルギー政策も、依って立つ価値観に開きのある環境省、農林水産省、国土交通省といった省庁が違う視点から主張を闘わせ、政策が磨かれます。そしてその政策形成プロセスが「仕組み化」されています。しかし、国家の根幹をつくる大事な教育政策は、政治の場は別として、文部科学省と中央教育審議会の有識者以外の勢力が「異論」を挟む余地に乏しく、事実上の「政策独占」の状態にあります。

ではどうすれば「政策独占」は避けられるか。**ミッションや価値観が違う複数の省庁がアイデアを競い合い、実現を助け合う「仕組み化」を進めるほかないのです。**１９８０年代の中曽根政権下の臨時教育審議会（臨教審）のように再び関係省庁の大臣と各界の有識者が集まり、事務局にも関係各省庁から併任の人材を集めて、文部科学省の中に閉じないタブーなき骨太の議論を進めるアリーナが必要になるはずです（ＧＩＧＡスクール構想がそんな議論を通じて実現したように）。しかし、再びそうした省庁横断的に教育政策を考えるアリーナをつくるにせよ、経済産業省独自のスタンスがなくては意味がありません。
そのために始めたのが「未来の教室」プロジェクトでした。

経済産業省「未来の教室」プロジェクトの始まり

こうして始まった「未来の教室」プロジェクトは、2018年1月にスタートした『「未来の教室」とEdTech研究会』（座長：森田朗 東京大学名誉教授）がまとめた**「第1次提言・第2次提言（ビジョン）」**、それを具現化する**「未来の教室」実証事業**、実証事業で明らかにした成果の全国的普及を後押しする**「EdTech導入補助金」**とニューズレターである**「未来の教室」通信**といった柱で構成されます。

まず、2019年6月に「未来の教室」ビジョンの中で掲げた「1人1台パソコン・高速大容量通信・クラウド活用」という目標は、その年の冬に閣議決定された「GIGAスクール構想」という形で、文部科学省等との協働によって直ちに実現されました。

その土台の上で、いまも教育DXを通じた「未来の教室」づくりを進めているのですが、このプロジェクトの特徴を一言で表せば**「ネットワーク型の行政」**という点です。

まず、「未来の教室」とEdTech研究会を通じて、私たち経済産業省教育産業室は、学び

ワークショプ
議事録

「未来の教室」
ポータルサイト

経済産業省「未来の教室」ポータルサイトへようこそ

経済産業省「未来の教室」プロジェクトでは、GIGAスクール構想と教育DXで学び方改革・働き方改革を考える学校に使っていただけるEdTechウェブサイトを公開しています。ご活用ください。

①STEAMライブラリー
現在はVer. 1を暫定公開中ですが2022年3月までに完成を目指す「探究のネタ」を集めた動画ライブラリーです。
②EdTechライブラリー
EdTechの実践事例をご紹介。お目当てのEdTechをお試しください（下記のEdTech導入補助金もご活用下さい）。
③未来の教室通信（優良事例集）
実証事業やEdTech導入補助金の優良事例を現場の先生や生徒たちの声でご紹介するニューズレターです。
④学校BPR(業務改革)
学校の働き方改革の道具箱。学校現場に張り付いて実施した調査をもとにした内容です。ご活用ください。

経済産業省「EdTech導入補助金」もご活用いただけます

学校等教育機関に対して「年度内無償」でEdTechの試験導入とサポートを実施するEdTech事業者に経産省が補助金を交付し、学校でのEdTechのお試し活用を後押しします。活用したいEdTechを提供する事業者が申請する制度ですので、学校等教育機関は利用したいEdTcchの提供事業者さんにご相談ください。

採択結果(2020年度・2021年度計)
学校等教育機関数
6,851校(全学校の2割弱)
（学校（一条校）、教育支援センター、オルタナティブスクール、海外日本人学校の合計。）
※1校で複数採択の重複は排除した校数。

方改革という社会運動を一緒に仕掛けて広げていく力強い仲間を得ました。

ワークショップに参加してくれた都立園芸高校の生徒の言葉が記憶に残っています。

「中学の時は勉強にそもそも興味が持てなかった。やる理由もわからなくて。でも農業高校では**のめり込めるプロジェクトが、学ぶ理由をくれた**」

「友達からノートを借りれば試験は乗り切れる社会科の授業時間とか、本当はバラの栽培の研究に回したいんです。**時間の使い方が本当にもったいなくて**」

こんな会話録を見ながら、委員と徹底的に議論して生まれてきたのが序章の「十則」でした。本書を書きながらワークショップ議事録を振り返るのですが、やはりここでの議論が「原点」だったと改めて思いました。当時の研究会やワークショップで集められた声にご興味のある方は、ぜひ右ページのＱＲコードからウェブでご覧ください。

次章から「未来の教室」の基本構造は何か、そんなお話に移ります。

第2章

「未来の教室」の基本構造はこうなる

～「スマホ的な構造」をした「誰もがそれぞれ満足できる」学校

土台は「学び・シゴト・福祉」のピラミッド構造

「日本の教育の根本的な課題」は、次頁の図で表したような「学び・シゴト・福祉」のピラミッド構造に不調をきたしている点ではないかと感じています。

その一番の土台は「福祉」です。ここでの「福祉」は、**「すべての子どもたち」が「心理的安全性があり、多くの依存先と道具、そして個別最適な環境を選べること」**です。障害や貧困や孤独に直面する「一部の子どもたちに対する措置」も全く足りていない日本社会ですが、そうした「狭義の福祉」だけに留まらないスタンスに立っています。「普通か特殊か」の二分論的な「狭い福祉観」では、結果として多くの子たちを取り残してしまいます。「誰もがいろいろ選べること」を重視したいと思います。

その上に「シゴト」、つまり**「夢中なコトに出会い、ハマり、職業を意識する経験」**が乗っかり、その上でようやく「学び」つまり**「夢中なコトを磨くための知恵を手にする経験」**が機能するのだと思います。そしてこの「学び」と「シゴト」はグルグルと往還を続けるべきだと思います。このピラミッド構造と往還サイクルなくして「真正の学び」など生まれようもない気がします。左の図の通り、往還サイクルは第1章でご紹介した『ワクワク

「学び・シゴト・福祉」のピラミッド

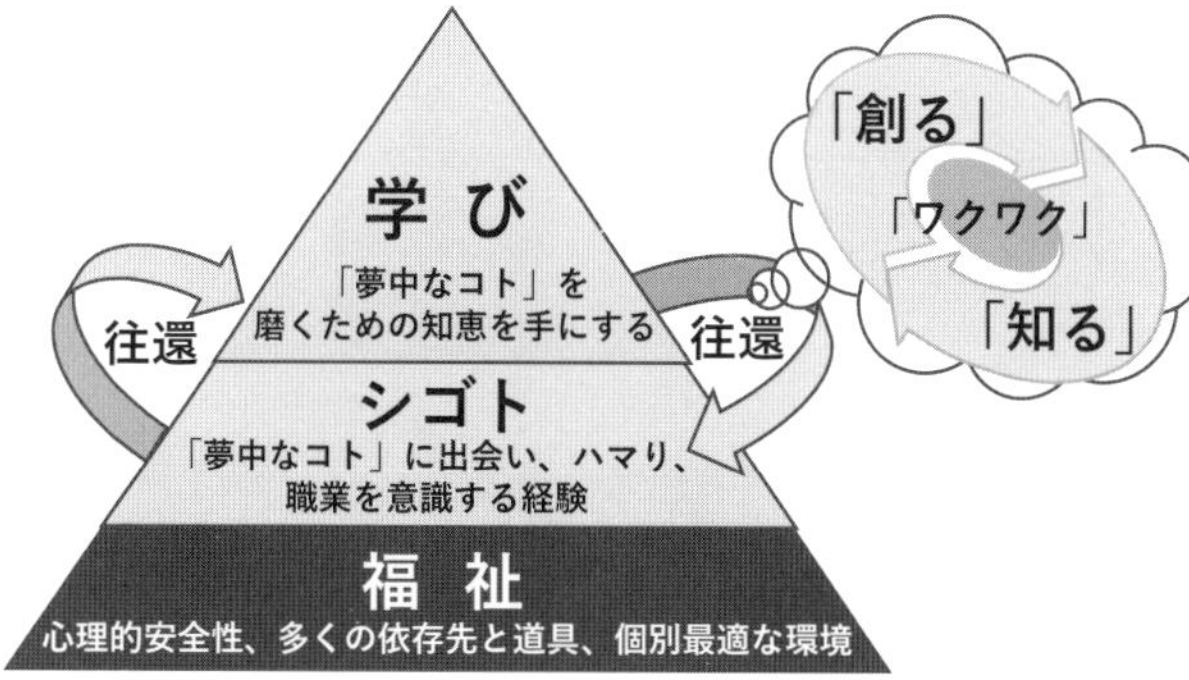

「創ると知るが循環する学び」は「学び・シゴト・福祉」のピラミッドの一部

が「創る」と「知る」を循環させる学び』ともいえます。それはこのピラミッド構造の中に組み込まれて初めて実現できる話だと思います。

しかしこの図を教育関係者にご説明すると、こんなご指摘をいただきます。**「まず学校の学びがあって、就職してシゴトするのだから、学びとシゴトの位置が逆だ」**というものです。しかし、**まさにそこが「根本的な間違い」**だと思うのです。「シゴト」つまり社会の「ホンモノの課題」とのつながりをほとんどイメージさせることがないまま、学校の勉強を積み上げ式で「お勉強」したところで「その先の社会」など見渡せません。

そうして生徒に「出口不在の学び」を届けることは、多くの生徒たちから学びに向かう姿勢、つまり当事者意識を削りまくる結果になります。第1章でご紹介した「18歳意識調査」で明らかにされた日本の惨状の背景には、この問題が横たわっている気がします。だからこそ、この「学び・シゴト・福祉」の3つのピラミッドと「学びとシゴトの往還」というイメージをベースに、教育DXを通じて学習環境をつくり直す必要があるのです。

教育DXは、先生に無理を強いることなく「ホンモノの課題から始まる学校」「誰もがそれぞれ満足できる学校」としての「未来の教室」に生まれ変わることなのだと考えてみませんか。つまり、「未来の創り手」のために**学校の「シゴトの構造」（生徒の学び方と先生の働き方）を大きく転換するのです。**

“1人N台”端末とEdTech、そして学習ログを「使い倒す」

そんな「未来の教室」では、GIGAスクール構想で整備した「1人1台端末、高速通信環境、クラウド」の「三種の神器」に、どんなEdTechを足し合わせて、更にスマホも道具としてどう活かすことになるのでしょうか。具体的にイメージしてみましょう。

ここでのポイントは、「たまに使う」ではなく、徹底的に「使い倒す」ことです。

①Googleなどの検索エンジンやYouTubeなどの動画サイトを「使い倒す」

日本では、子どもがタブレットやスマホをゲーム用途でしか使わず、ネットから得た情報や動画をもとに学校で議論したり、探究学習につなげたりもしてきませんでした。PISA2018で明らかになった「日本の子たちは、ネット上で多様な情報の意味を読み取る力が弱い」という結果は、「当然の結果」でした。

「すぐ検索する習慣がつくと、子どもの思考力や記憶力が落ちる」と心配する方もいますが、それは見当違いだと思います。**Googleで調べればすぐわかる知識など「一瞬でググる」べきで、大事なのは「そのあとの思考プロセス」**だからです。

ネット空間にあふれる膨大な情報の中から「確からしい情報」を選び取り、組み合わせ、自分のスタンスを固め、他者と議論しながら課題解決をするのは、現代社会で必ず求められる基本動作です。素早く調べて、考えて、たくさんの文章を書くうちに、「大事な知識」は「文脈」をもって記憶にも残るものです。

②EメールやSlackやLINEなど多様なコミュニケーション手段を「使い倒す」

場面や用途に応じてスマホやパソコン「1人N台」を使い分けて迅速な調べものや連絡

をしたり、コミュニティを動かしたりする力も、重要な基礎スキルです。

たとえば、２０１９年10月に東日本を襲った台風19号災害で経済産業省から被災県に派遣された際、私のチームは連絡用ＬＩＮＥグループを活用しました。担当する避難所での課題を瞬時に共有し「うちの避難所ではこう対応した」と互いに「高速で」アドバイスし合い、「災害ド素人」だった若手職員たちが数日で「にわか防災プロ」に変貌したのです。

毎日の学校教育の現場でも、**このように場面と用途に応じて最適なコミュニケーションツールを使い分けて協働したら、豊かな学びが経験できます。**学校教育においても、携帯電話やパソコンの機能制限に汲々《きゅうきゅう》としている場合ではないはずです。

③WordやExcelやPowerPointといった表現手段を自在に「使い倒す」

WordやExcelなど、文書作成・計算・作図のソフトウェアを生徒が自由に使うメリットは計り知れません。手書きでは面倒な１０００字レベルの作文を毎日だってラクに書けます。**先生も添削がしやすく、生徒の文章力の向上のために不可欠なツールです。**自分の考えや整理したチャートを共有し合うことも可能で、共同編集機能を使えば**複数のメンバーが協働してレポートを仕上げることも可能です。**

書字障害のために「鉛筆で文字を書けない」子でも、タイピングでなら自在に表現できる子もいます。そんな子たちに余計な負い目やストレスをかけずに強みを伸ばす意味でも、表現手段としてのパソコンは大きな救いです。**「目が悪ければ眼鏡をする」のと同じく「文字が書けないならタイピング」**というのも大切な割り切りです。全員が普段使いしていれば、書字障害の子が負い目を感じることもないのです。

④学校内外をつなぐビデオ会議システムを「使い倒す」（英会話や探究に使う）

たとえば岩手県立大槌高校英語科の鈴木紗季先生は、経済産業省のEdTech導入補助金を活用して「DMM英会話」を導入しました。「学校の夏休みは、何日間が適当か」というテーマを設定して、生徒たちはDMM英会話の中で登場する様々な国籍の外国人英会話トレーナーを選んでつかまえて、世界中の「学校の夏休み」の実態を調べ尽くしました。「全員が英語を使って外国人から情報を聞き出す」という、「英語を使わないとできない挑戦」をして、生徒が**「英語を使う当事者」になれたのは、パソコンとネットとEdTechあってこそ。**英会話だけ

でなく探究にもビデオ会議が不可欠です。忙しいビジネスマンや大学の先生も「オンラインなら」と教育現場に協力できる人はたくさんいます。全国各地や海外の生徒同士、大学生や大学院生も交えた議論の機会も簡単につくれるようになります。

⑤デジタル教材（AIドリル・講義動画・プログラミング教材等）を「使い倒す」

離島や山間部に住んでいても、ネット環境と1人1台端末があれば、低価格で高品質なオンライン学習用のEdTech教材で学べます。**無料や低価格で学べるオンライン講座**も増えており、経済的な理由で学習塾に通うことができない生徒も学習環境の選択肢を広げることができます。月額2000円程度でカリスマ予備校講師のわかりやすい語り口の講義を何度でも聴き直せる環境がありますし、**海外や国内の大学が提供するMOOCs**をはじめ、自分の興味・関心を広げたい子どもたちを助けるツールは増えています。GIGAスクール構想の実現によって、すべての子どもたちは学校でも自宅でも、自ら膨大な情報にアクセスし、世界最先端の知に触れることが可能にな

個別と協働のバランスある学習環境

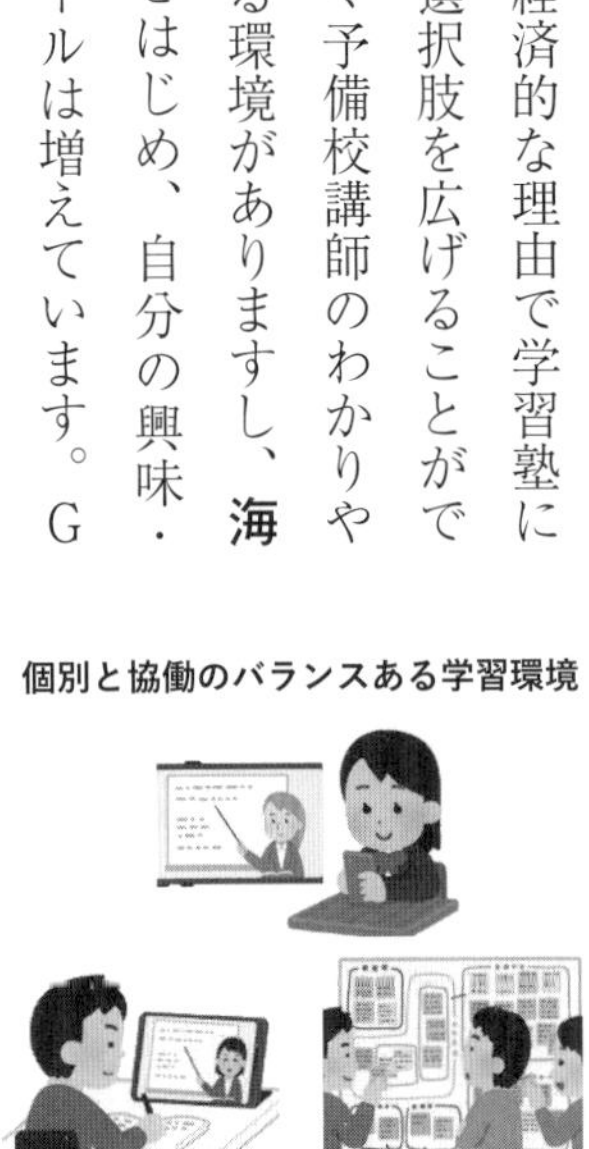

るわけです。第3章から第5章でしっかりご紹介します。

スマホ的な構造をした「オープン型・水平分業型」の学習環境に

教育DXが実現して「未来の教室」が生まれるという変化は、私たちが携帯電話を「**ガラケー」から「スマホ」に乗り換える中で経験した変化**に似ている気がします。

昔の「ガラケー」のアプリは、NTTなどの通信キャリアを頂点にした「垂直統合型・クローズド型」で提供されました。OS（基本ソフト）が基本的に非公開でアプリの開発に制約も強く、そもそも通信キャリアがアプリ選択をするため、多様なアプリ開発者の知恵を集めにくく、多様なニーズを持つ利用者がアプリを選ぶ選択肢も狭かったのです。

いまの学校教育の構造はこの「ガラケーの構造」によく似ていないですか？

文部科学省・教員養成大学・教育委員会・教科書会社・学校、というある種の「系列・グループ」の中に完結した形で教育を提供するのが、いまの学校の姿です。指導するのは「教職課程を経て新卒から教職ひと筋の先生がほとんど」、教材は「教科書か、教科書準拠の副教材、または先生自作のプリント」、学習場所は「全員を学校内に同じ時間に集める」、時間の使い方も「個別の事情を問わず、教科ごとの標準授業時数に基づいて全員が同じ時間の使い方をする」。

そんな「なんでも自前主義・純血主義」のスタイルで、一律・一斉・大量生産型で知識や規範の共有を進めるいまの学校教育は、通信キャリアを頂点に「クローズド型」で開発・提供されていた「ガラケーのアプリ」の供給構造に似ている気がしませんか？

一方の「スマホのアプリ」は、「一定の仕様とデータ連携ルール」に則って無数の企業や個人が知恵を絞って開発します。**スマホアプリの「オープン型・水平分業型」**という開発構造が、**「利用者が自分に必要なアプリを組み合わせて使う」利用者主体のサービス選択**を可能にし、より便利なアプリ開発のために世の中の英知が結集され続ける生態系ができているわけです。同じ変化が学校教育の中に起きたらどんなよい学習環境が生まれるかを考えてはどうでしょうか。

その変化が、これから進めるべき「教育ＤＸ」の本質ではないかと思うのです。

教育ＤＸで生まれる「未来の教室」の基本設計（アーキテクチャー）

そこで、「いまの学校」のシゴトの構造をガラケー的な「クローズド型・垂直統合型」として捉え、一方で「未来の教室」のシゴトの構造をパソコンやスマホのような「オープン型・水平分業型」のレイヤー構造に模して考えてみたのが、次頁の**「中3の小倉さんと担任の日高先生」の「未来の教室」の基本設計（アーキテクチャー）**の図です（「小倉さん」も「日高先生」も、私と一緒に「未来の教室」プロジェクトを動かしてきた3代目と初代の課長補佐の苗字からとりましたが、ここでのペルソナ設定は実在の本人たちとは関係のない「空想」です）。

教育DXで「いまの学校」が「未来の教室」に変わることによる一番大きな変化は「選択肢が増えて組み合わせ可能になる」ことです。

紙からEdTechに変わる「教材」も、「指導者・支援者」も、「居場所」も、「時間の使い方」もソフトウェアのレイヤー構造の中のコンポーネント（選択肢）のように捉えてみました。「オープン型・水平分業型」と表現しましたが、一人ひとりの学習目標を協働学習も含めた「個別学習計画」として作り、それを実現するために「様々なEdTech教材・指導者・支援者・居場所・時間の使い方を組み合わせる」スマホのような学習環境のイメージです。「いいとこ取りの組み合わせ」を自律的に個別最適に行いうる学習環境といえます。

この図に示した「未来の教室」の基本設計（アーキテクチャー）が、「いまの学校」をトランスフォーメーションした（生まれ変わった）後の「誰もがそれぞれ満足できる学校」

プログラミング 讃井さん	子ども政策 北野先生	
建設会社 浦嶋さん	投資家 岡橋さん	…

指導者・支援者の「組合せ」に

半年は「旅する学校」 半年は「在籍校」	…

令も変わり、「時間の有効活用」が進む

デジタル教科書 B	Life is Tech! Lesson
STEAM ライブラリ	DMM 英会話
ハマるゲーム作り	校則と法律と憲法

D 社の LMS（個人の学習計画・学習ログ）

「いいとこ取りの組合せ」の学習計画に

Microsoft O365（進学したい高校はこれを使用）

ノートとペン	付箋
近くの 農場や漁場	「旅する学校」 提携校

る学習プラットフォームが土台に。

DX

EdTech や専門家を頼れるってホント助かるなあ。生徒一人ひとりの主体性も増してるし、努力と強み弱みもよくわかる。なによりボク自身に余裕ができて、生徒に個別に向き合いやすくなるよね。

「今の学校」のシゴトの構造
【クローズド型・垂直統合型】

指導者・支援者
新卒から教師一筋の「同じ職能」の先生がほとんど。職員室に多様性がない。生徒は先生を選べない。

スケジュール
45 分 /50 分刻み・一斉一律・大量生産型の「時間割」。生徒は「時間の使い方」を学べない。

教材
教科書と教科書準拠の副教材。

探究テーマ
「子どもらしい」探究課題だけ。タテ割りの教科をヨコに編む知的経験は滅多にない。

学習管理の方法
年間指導計画・授業の指導案

文房具
ノートと鉛筆、ペンすら禁止、「スマホで検索」は論外。

居場所
学校設置基準で規格化された校舎内の、四角い教室の決められた指定された席に、静かに座る。常に集団行動が前提。

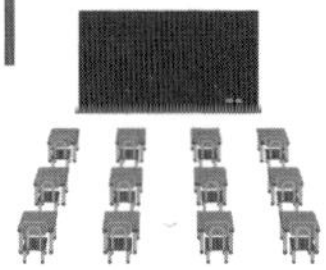

「未来の教室」の基本設計（アーキテクチャー）
【オープン型・水平分業型のレイヤー構造】
～中３の小倉さんと担任の日高先生の選んだ「組み合わせ」とデータ連携～

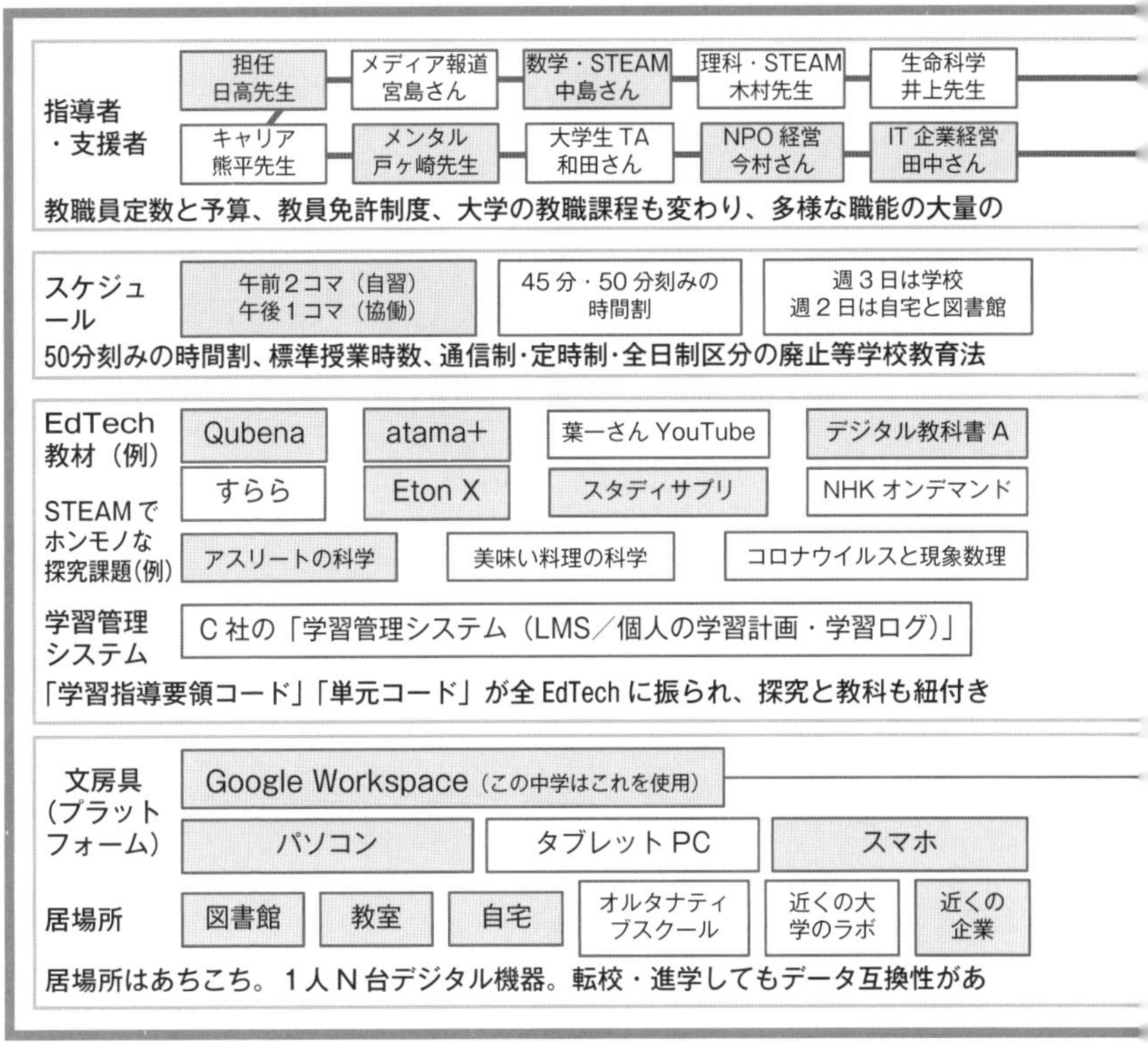

指導者・支援者
担任 日高先生
メディア報道 宮島さん
数学・STEAM 中島さん
理科・STEAM 木村先生
生命科学 井上先生
キャリア 熊平先生
メンタル 戸ヶ崎先生
大学生 TA 和田さん
NPO 経営 今村さん
IT 企業経営 田中さん
教職員定数と予算、教員免許制度、大学の教職課程も変わり、多様な職能の大量の
スケジュール
午前2コマ（自習） 午後1コマ（協働）
45分・50分刻みの時間割
週３日は学校 週２日は自宅と図書館
50分刻みの時間割、標準授業時数、通信制・定時制・全日制区分の廃止等学校教育法
EdTech教材（例）
Qubena
atama+
葉一さん YouTube
デジタル教科書 A
すらら
Eton X
スタディサプリ
NHK オンデマンド
STEAMでホンモノな探究課題（例）
アスリートの科学
美味い料理の科学
コロナウイルスと現象数理
学習管理システム
C社の「学習管理システム（LMS／個人の学習計画・学習ログ）」
「学習指導要領コード」「単元コード」が全 EdTech に振られ、探究と教科も紐付き
文房具（プラットフォーム）
Google Workspace（この中学はこれを使用）
パソコン
タブレット PC
スマホ
居場所
図書館
教室
自宅
オルタナティブスクール
近くの大学のラボ
近くの企業
居場所はあちこち。１人Ｎ台デジタル機器。転校・進学してもデータ互換性があ

小倉さん（中3）
日高先生（担任）
自分に合った教材、自分に合ったスケジュール、好きなコーチ、居場所も選べていいな。近所や学校の中だけじゃなくて、オンラインの探究活動で新しい友達に出会えると世界も広がるよ。

の姿ではないかと思うのです。

たとえば、**この中学校が選んだ学習プラットフォームはGoogle Workspace**ですが、**小倉さんの進学したい高校はMicrosoftの０３６５**なので、学習ログの互換性は大丈夫かいまから不安です（GoogleさんやMicrosoftさんと私たちで考えていく仕事です）。

スポーツ好きの**小倉さんが一番本気になれる探究テーマ**は、選手に必要な**「アスリートの科学」**です。そのためなら理科も頑張れます。一方でゲーム好きが昂じて**「ゲームを作る」**ためにプログラミングにもやる気が出ています。一方、この「未来の教室」を名乗る学校にも、生徒の生活に過度に介入する**「ブラック校則」**があることには違和感があり、生徒会活動のなかで校則改革を議論しているうちに、法律や倫理にも興味が出てきました。

使う「教材」は、学校指定のデジタル教科書もありますが、高校受験を控えた小倉さんの好みは、まずスタディサプリでカリスマ講師の講義を聞いて、教科によってＡＩ型教材「Qubena（キュビナ）」と「atama+（アタマプラス）」を組み合わせて演習するやり方です。また探究はEtonXで英国イートン校仕込みの議論の作法を身につけながら、ＤＭＭ英会話で説明力を鍛えます。経済産業省のSTEAMライブラリーを使ってSTEAMスポーツで動作解析などを学んでいます。ゲーム作りの第一歩としてプログラミング入門は、「Life is

Tech! Lesson」で学びます。

そんな**彼女にとっての指導者・支援者**は担任の日高先生だけではありません。好きな数学についてはSTEAMライブラリーにも登場する国際数学オリンピック金メダリストの中島さち子さんにも、たまにオンラインで楽しく相談です。プログラミングはLife is Tech! Lessonで初歩を学びながら讃井《さぬい》康智さんや大学生ＴＡ（Teaching Assistant）たちにオンラインで頼ります。悩み事があると、戸田市の名物教育長戸ヶ崎勤先生にオンライン相談をさせてもらいます。さすが経験の厚みが違って言葉が深いのは、中学生でもわかります。

時間割はいろいろ選べますが、**1日の時間割は第1章でご紹介したイエナプラン的な「午前2コマの自学自習と午後1コマの協働学習」**を選んでいて、先ほどの教材の組み合わせで学習しながら、休憩時間は友達とのんびり学内のカフェテリアで休憩です。また、そもそも中学生活のうち計1年は第4章でご紹介するような別の学校に留学する「旅する学校」パターンを選んでいます。**このように1日の中でも3年間の中でも居場所をいろいろと変えます**が、お父さんに聞くと「うちの会社の働き方と同じで生意気だな（笑）」と言われます。これが将来の就労スタイルそのものなら、これでいいと思ってます。

ざっと、こんなイメージです。

個別学習計画と学習ログで学びを重ねる

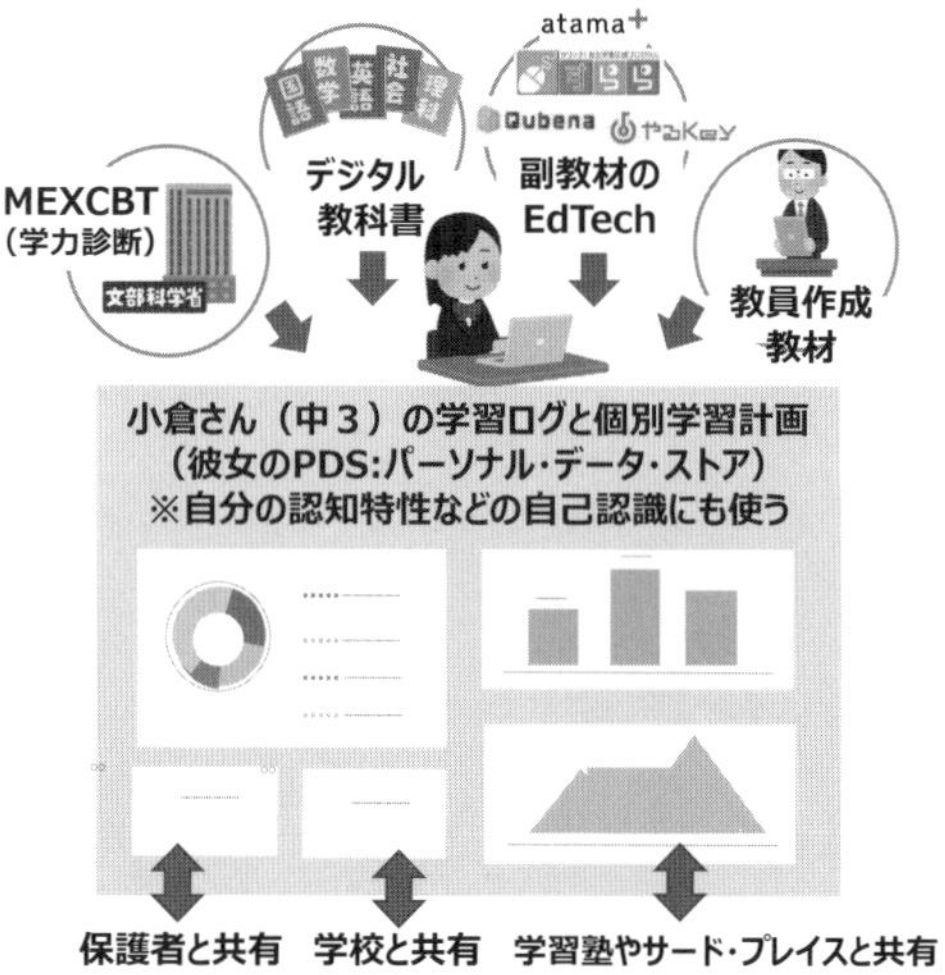

「個別学習計画とスケジュール（マイ時間割）」を更新し続ける学びへ

「学校は45分・50分刻みの〝時間割〟をつくること」とは日本の学校教育法令のどこにも書かれてはいませんが、ほとんどの学校には45分・50分刻みで**規格化された「時間割」**と、**人の思考を切断する「チャイム」**があります。この**「一昔前の工場」のような慣習**を変えてみてはどうでしょうか。その代わり、子どもと教師（と保護者）が相談して、**一人ひとりの「個別学習計画」**をつくり、その計画の中には集団でプロジェクトや議論をする協働の時間と、自己調整的に自学自習を進める時間が組み合わされた「未来の教室」をつくってはどうでしょうか。

学習ログは公的な学びの証明に

あらゆるEdTech教材の、あらゆる動画や演習問題にも「学習指導要領コード」「単元コード」が振られて「データ連携」されるなら、様々な教材の「いいとこ取りの組合せ」が容易になる。
「学習ログに基づく評価」と「個別学習計画の更新」を行う上で、自分の認知特性や家庭環境など重要な機微情報の扱いがカギ。

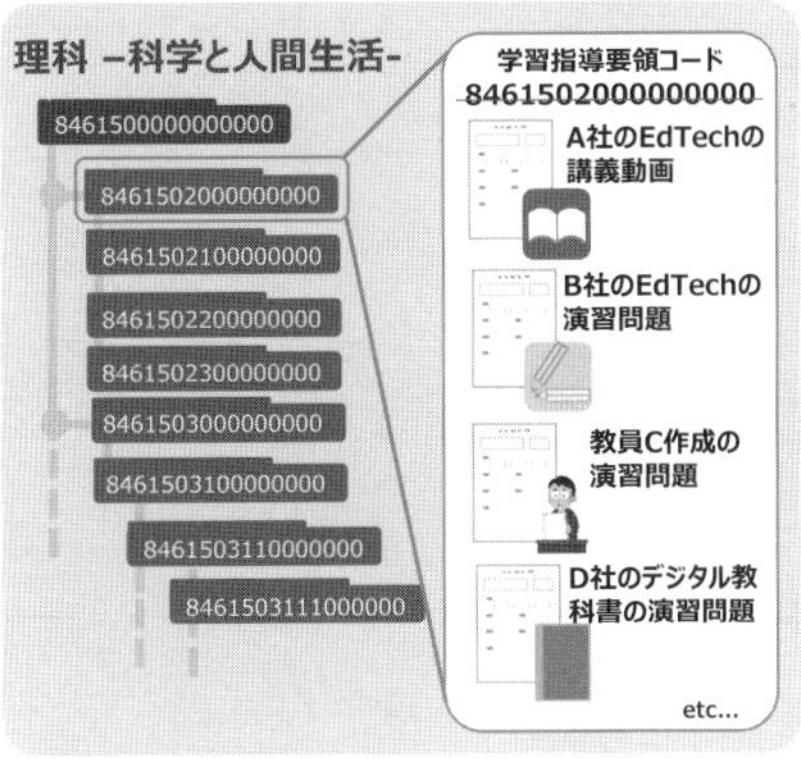

必要なのは、一律の時間割をみんなが守るのではなく、**個別学習と協働学習の時間を組み合わせた一人ひとりの「スケジュール」**づくりです。目的のために「有限な時間を最大限有効に使う」、その中で「自律と共生（周りとの折り合いをつける）」のトレーニングを重ねて卒業できるようにすることが、今後の学校の「最上位目標」であるはずです。

ＷＩＳＣ検査などでわかる一人ひとりの認知特性や家庭環境のデータも含めて「個別学習計画」が組成された方がより有効ですし、学校がこうした「一律・一斉・大量生産型」を捨てたマネジメントに転換する上では、文部科学省が「発明」した「学習指導要領コード」や今後期待もされる「単元コード」が力を発揮するはずです。もしあらゆるEdTechベンダーがこれらを採用して、すべての演習問題や講義動画に「これが解けると資質・能力の●番がレベル4で、▲番はレベル3に相当」という評価がつけられるようになると、生徒が科目ごとに違うEdTech教材を（たとえばQubenaとatama+を組み合わせるなど）「いいとこ取りの組み合わせ」で使っていても、その生徒が身につけるべき資質・能力を「どの問題で、どのレベルまで獲得したか」を先生は一眼で確認して評価もできるわけです。つまり生徒は**「自分の達成したい目標に向けて、自分に何が十分で、何が足りないか、追加すべきまたは削るべきトレーニングメニューは何か」**を自己評価することができ、**先生による評価と助言もいまよりラクにかつ正確になる**はずです。学校も生徒本人も「最上位目標」を共有している状態で、一人ひとりの学習計画とスケジュールが更新され続ける個別最適の学習環境は、教育ＤＸされた「未来の教室」の中であれば実現できるはずです。

「旅する学校」：複数箇所居住で「第二の故郷」を増やす

今後は地方の人口減が進んで空き家も増える中、「都市と地方の複数箇所居住」の可能性が広がります。コロナ禍を経て、テレワーク前提の就労体系への転換も急速に進む中、複数拠点を移動する親に子どもが帯同できたら非常に豊かな経験ができるでしょう。たとえば親が東京と宮崎の2箇所居住を選んだとします。**東京と宮崎の2つの学校に籍を置くこの子の学びは大きく変わりますし、この子は東京と宮崎の2つの学校をつなぐ「仲介役」にもなります。**都市と地方の学校を融合させる役割を担えるはずです。教科書的な学習であれば「個別学習計画」に基づく「学習ログ」で履修確認や学習評価がとれます。そんな話よりも重要なのは「旅する小中学生」の登場が、義務教育の質を大きく変えることです。

第4章では「旅する高校」という具体的構想も紹介します。様々な地方への物理的移動を伴う高校生活、更に小中学生活が実現すれば、**「第二の故郷」**を増やし、感受性も高い時期に自分のアンテナが伸び、**「人生のネタ帳」**が増えるはずです。狭い教室で同じ顔ぶれのクラスメートとずっと一緒では得られない豊かな学びがあるはずです。私も経済産業省で日本中・世界中に無数の出張を重ねて仕事をつくりましたが、いただいた人間関係が私の**「社会を受信するアンテナ」**を増やしました。本当は幼い頃から、日本中世界中に**「甘えられる先輩」**をたくさんつくったら価値観も広がるはずです。

ネットは「凶器」ではなく「救い」として使うもの

「旅する学校」に関連して思う、大事なことが一つあります。日本の学校では「陰湿ないじめ」に悩んだ子どもが自死を選ぶ、痛ましい事案が後を絶ちません。たまたま住んだ学区の学校に「行け」と言われて通ってみたら、不運にもいじめを働く「くだらない連中」や「頼りない先生」に出会う災難に遭ってしまった子たちを救い出す必要があります。「自分の居場所はこの学校しかない」という思い込みから早く解放する必要があります。

「イヤな奴や卑怯な奴のいる場所からは堂々と退出すべきだ」、そのかわり**「世界は広いし、狭い日本でもこんなに広い。**自分の居場所も仲間もいつか見つかればいいし、〝生涯の友〟なんて大人になって真剣勝負の仕事をする中でたくさん出会える」と、心を落ちかせて欲しいのです。GIGAスクール構想が「ネットいじめの温床になる」などという方もおられます。確かにリテラシー教育は必須ですが、「ネット悪玉論」はあまりに一面的な捉え方です。**ネットを捨ててもいじめは消えません。ネットは、子どもたちが狭いクラスの同調圧力や同質的な価値観の中で苦しむことなく、自分を世界に向けて解放し、希望を広げる道具でもある面をもっと重視すべきです。**

さらに、大人の構想力次第では、ネットはこうした物理的な移動を伴う「旅する学校」の実現を助け、「居場所の相対化」も可能にする道具でもあることを忘れてはいけないはずです。

ＧＩＧＡスクール構想で学校に配布した端末は、リアルとネットを自在に組み合わせ、たくさんの居場所を組み合わせる学び方・時間の使い方も可能にする「救い」の道具です。一方で便利な道具は、その使い方次第で「凶器」にもなります。しかし、ネットいじめの事件の度に、いじめた本人や学校の構造ではなく「ネット」が糾弾されるという、まるで**刃物を使った殺人事件で「刺した本人でなく、刀鍛冶が逮捕される」ような社会では、私たちは知恵と豊かさを失います。**大人の「冷静な構想力」がそれを左右します。これは、この「1人1台端末配備」という政策の立案と実現に汗をかいた当事者の1人として、強く申し上げておきたいことです。

「ホンモノの課題」から入り、「創る」と「知る」が循環する学びへ

「未来の教室」では、学校の最上位目標のもとで、様々なEdTechや学校内外の様々な指導者・支援者を組み合わせた一人ひとりの個別学習計画とマイ時間割があり、「誰もがそ

高校1年生の柴田君の学習スタイル

れぞれ満足できる」学習環境がつくられます。それを大前提にして、「ホンモノの課題から始める」学びも可能になるはずです。

ここで上の図にあるような「高校1年生の柴田君」の学習スタイルを考えてみましょう。（「柴田君」というのも、一緒に「未来の教室」を動かしてくれた2代目の課長補佐の苗字です）。

第4章で詳しくご紹介しますが、**経済産業省ではSTEAMライブラリーを無償公開**しています。その中から柴田君が見つけてきた探究テーマは「タンザニアの未電化地域で電化を考える」「プラスチックごみと海洋汚染を考える」「活性汚泥の微生物と排水浄化を考える」といった超ホンモノの課題です。彼は理系クンですが**「その技術は社会のどこで、どう生かされるのか」**という社会とのつながりを意識できるとヤル気が増すようです。第1章でご紹介した広尾学園「医サイ」のような「ホンモノの課題から始まる学び」は、こうしてネット上の情報活用次第で、全国どこでも実現ができます。これが、**ヤル気次第で学習環境の地域間格差・所得格差の影響を最小限にできる「未来の教室」の姿**です。

探究課題そのものや、関係する先行研究を理解する上でも、基礎知識が必要です。第1章で広尾学園「医サイ」の生徒が「先生、教科書ってすごいですよ!」と叫んだというエピソードを紹介しましたが、柴田君も自分に合ったEdTechを自在に組み合わせて、同じ経験をします。社会課題などの「ホンモノの課題」に向き合うことからはじめるから、教科書的な知識・技能が「文脈のある知識」になって形成されるわけです。

「未来の教室」の基本構造をまとめると

本章の最後に、先回りして本書の結論を述べるような形ですが、この本でお伝えしたい「未来の教室」の基本構造を書き並べてみると、次のようなイメージになります。

①**すべての子に「学び・シゴト・福祉」のピラミッド構造が保障されている。**

②**学校の最上位目標は「自律と共生のスキルの獲得」**（教育基本法第5条第2項に定める義務教育の目的の実現）だということに、先生・生徒・保護者・外部協力者がコミットできている。

③そのために、**学習指導要領が求める資質・能力を「各自それなりに」**手に入れるようにしようという目標にも、先生・生徒・保護者・外部協力者がコミットできている。

④時間も体力も有限。**「答えがあってラクに済むはずの作業はラクに済ませて、答えがなくて難しいシゴトに時間と労力を注ぐ」**（＝デジタル社会の原則には逆らわない）。

⑤「生徒はみんな違う」前提で、「各自それなりに」資質・能力を伸ばすための**「個別学習計画」**を一人ひとりの認知特性や家庭環境を示すデータも含めて組み立てる。**一人ひとり違うスケジュール（マイ時間割）**で、学習指導要領コードや単元コードで整理された**「学習ログ」**の上で自己調整と評価を繰り返す。

⑥学校は、世間にあふれる多様な**居場所・EdTech教材・指導者・支援者・時間の使い方を一定のルールで「いいとこ取り」で組み合わせ、**生徒が自分なりの学び方を見つけ、各自の学習目標を各自に適したスケジュールで達成するのを助ける。つまり学校は「自

前主義・純血主義・形式主義」を捨て、役立つものはEdTechでも外部協力者でも何でも使い倒す。つまり、**「他人のいい褌《ふんどし》でいい相撲を堂々ととる」文化**に変わる。

⑦**学術支援・メンタル支援・キャリア支援に職能分化された常勤・非常勤の多様な先生**（企業や大学に所属する兼業先生、大学生のティーチングアシスタントなど）がオンライン・オフラインで登場し、十分な数の事務職員との分業がなされる。部活指導も外部指導者に任せる（やりたければ副業で堂々とやる）。自分の専門性を深める余裕を持って生徒に向き合い、**余裕と心理的安全性**のある状態で生徒サポートに徹する。

必要なのは「DXの思考法」

「DX」を考える上でとても学びの多かった本があります。西山圭太著『DXの思考法―日本経済復活への最強戦略』（文芸春秋）です。この著者は経済産業省の先輩です。

この本の要点は2つ。①**まず解くべき課題を抽象化しよう**（「一言で言えば何が課題か」を抽象化して「課題の奥の奥の、課題の本質」を把握してから具体的解決策を考えよう、焦って「いきなり具体」の解決策を考えると本質を外すので抽象と具体を行き来しよう）、②**異分野から応用できる手段も解決策として活かそう**（自分の手持ちの手段や狭い特定分野の慣れに閉じこもらず、「他人の褌」をいいとこ取りで組み合わせて「堂々と相撲をとる」べきだ）という話だと私は理解しました。まさにこの本で申し上げたい「教育ＤＸの本旨」もここにあります。そして番外編として西山さんから伺った「ＤＸの要諦」が④の**「答えがあってラクに済むはずの作業はラクに済ませて、答えがなくて難しいシゴトに時間と労力を注ぐ」こと**でした。

教育ＤＸは子どもの自律的な学びを助けて個別最適な状態をつくりだせる「誰もがそれぞれ満足できる学校」、そしてSTEAM（学際融合的）な探究を中心に据えて「ホンモノの課題から始める学校」を実現するための変革です。そして、そんな変革を、「自前主義・純血主義・形式主義」による無理を先生に強いることなく、「いいとこ取りの組み合わせ」で実現することなのだと考えてはどうでしょうか。つまり、学校の「シゴトの構造」（生徒の学び方と先生の働き方）を大転換して、みんなハッピーになるわけです。

この章では「未来の教室」の基本構造のイメージをお話ししました。ではその構造の上で展開される日々の学びはどう変わるのか。「未来の教室」プロジェクトの数々の実証事業やEdTech導入補助金事業で生まれた事例をもとに、学校現場への提言、考えるべき政策的論点につなげていきます。

第3章

「学びの自律化・個別最適化」がはじまる

～ヒントは「パーソナルトレーニング」と「当事者研究」にある

「未来の教室」は「みんな違う」を認める場

いままで

決められた教室・学年の中で、
「一律の目標・内容・ペースで」
「一斉に」「受け身で」学ぶ

これから

協働学習による学びあいの風景

Qubena　atama+
TOPPAN
やるKey　Catal
すらら　RED

教材・指導者・支援者・時間割・場所を
「いいとこ取りの組み合わせ」をして、
「個別学習計画と学習ログをもとに」
「多様な内容を、多様なペースで」
「主体的に、個別に、協働的に」学ぶ

「自己調整」を繰り返して「個別最適のやり方」を見つける

周りを見回してみても、「学び方」というのは実に人それぞれだと感じます。

ただ「勉強がデキる人」に共通していたのは、「周りのデキる人」のやり方をよく見ていて、他人のいいやり方を見つけたら「パクる」。そんな「いいとこ取りの組み合わせ」をして「他人の褌」で堂々と相撲をとる点です。そして**自己認識と自己調整を繰り返して「しっくりくる個別最適のやり方」を仕上げる。**スポーツや音楽で上達する人も同じではないでしょうか。

一方で、いまの学校での一律・一斉・大量生産方式の学習環境では、多くの生徒は

「しっくりくる個別最適のやり方」を見つけることが難しく、その結果として学力格差も「開く一方」になりがちです。

このため、経済産業省「未来の教室」プロジェクトでは、授業に置いていかれて以来「お客さん」状態が続いていた生徒たちが、EdTechや教師や仲間の伴走を得て「僕も／私もやればできるじゃん」という自己効力感を回復する学習環境を実証してきました。

経済産業省としてそこを重視した理由は単純です。生徒たちが自己効力感を回復することは、卒業後の人生、その集合体としての社会にも大きなプラスを及ぼすからです。

よくいわれる**「EdTechの導入は学力格差を拡大させる」というのは大きな誤解**で、これから本章でご紹介する実証事業を見る限り、**EdTechを「いまの学校の授業のままでは広がる一方の学力格差を縮めるための道具」として活用するのが正しいはずなのです。**

たとえばMOOCs（動画学習コンテンツ）を使えば「わかるまで」何度でも聞いて理解できます。教育YouTuberの葉一さんのコンテンツが子どもたちに大人気なのは道理ですし、この章でご紹介するAI型教材は、一人ひとりの誤答の原因を指摘して、それに対応した演習問題を適切に出してくれるので、的を射た学習ができます。わからない単語や概念に出合ったらGoogleなどの検索エンジンで調べれば前に進むことができます。なにより学習ログが残るため、学習者自身も指導者も時間を有効に活用した対策が打ちやすくなります。さらに、**子ども全員が一人ひとりのＷＩＳＣ検査などの「認知特性」のデータや家庭環境に関する情報も学習支援のために活用**できるなら、「個別学習計画」を組成して、さらに緻密な対応が可能になるはずです。

この章では「学びの自律化・個別最適化」のコンセプトを実証する、「麹町中モデル」「大熊町小中モデル」「坂城高モデル」「鴨居中モデル」の４つの実証事業をご紹介します。

「麹町中モデル」：千代田区立麹町中学校×Qubena（COMPASS）

これは本章章末の対談でご登場いただく工藤勇一先生（現・横浜創英中学・高校校長）が校長だった頃の千代田区立麹町中学校での実証事業です。ＡＩ型教材「Qubena（キュビナ）」を使って数学や英語の学びの自律化・個別最適化に取り組みました。

生徒がｉＰａｄを使ってこの教材で学習すると、たとえば連立方程式の問題で誤答した場合、アルゴリズムが生徒の回答ぶりから「誤答の原因になったと推測される学習単元」を探し当て、その生徒がその単元までさかのぼって勉強し直せるように、適切なレベルの演習問題を出してくれます。

中学数学の時間に「創る」と「知る」を循環させる（麹町中モデル）

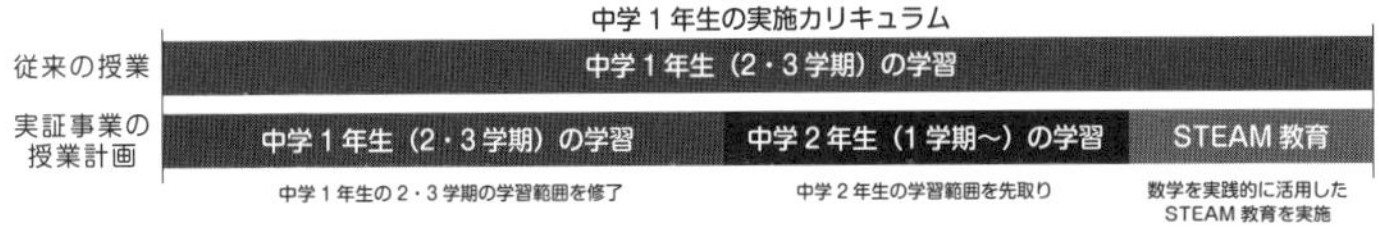

発展クラス（Qubena未導入）と基礎クラス（Qubena導入）間の偏差値の縮小値

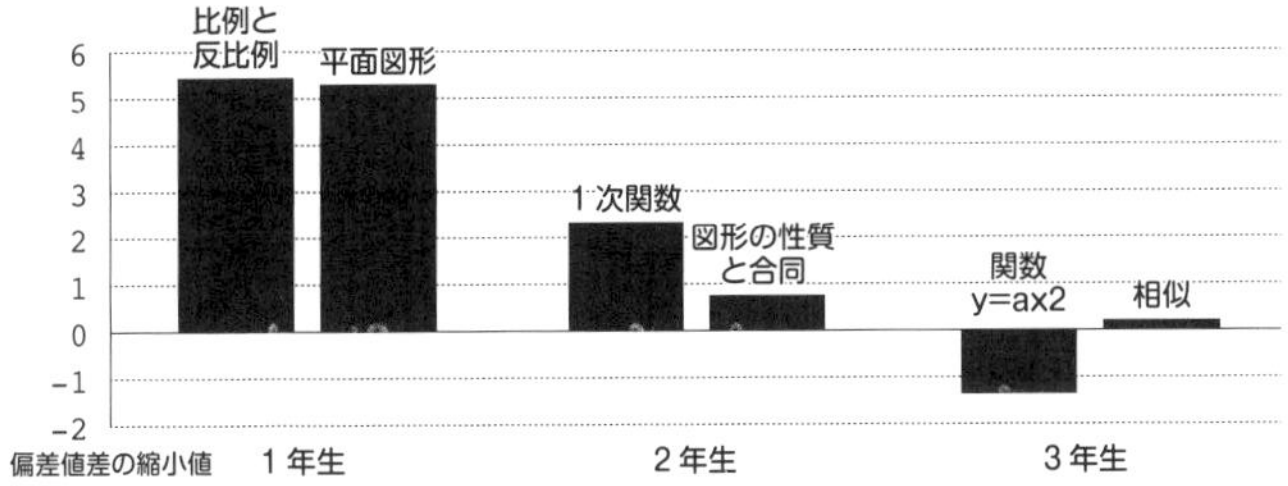

（上図）従来の約2倍のスピードで学習を終え、その時間をSTEAMワークショップや次の学年の単元に当てられた。（中左）自動運転技術を意識したプログラミングの中で数学を使う（中右）AI型教材での中学数学の自学自習と学び合いの様子。先生の役割は激変する。（下図）低学年ほど「追い付きやすい」。理解の前提となる関連単元の数が少ないうちに取り組む重要性も示している。

経済産業省「未来の教室」実証事業報告書をもとに、筆者加工。

麹町中学校
の事例報告

麹町中学校ではQubenaを利用して1・2・3年生の基礎クラス（成績上位3分の1の集団以外の、3分の2の集団）の学習改革をしました。一方、発展クラス（上位3分の1の集団）ではQubenaを利用せず、従来の一斉授業を続けました。基礎コースでは先生が一斉授業を原則行わず、生徒たちは1人1台のタブレットを持ち、校内のカフェテリアで各自の学習課題を解く自学自習と生徒同士の学び合いを軸に学習が進みました。

生徒たちがタブレット片手に話し合ったり、先生に気軽に質問したりする賑やかな風景が印象的でした。一方、雑音を避けて教室の隅っこに隠れて1人で集中している生徒もいました。また、Qubenaではなく、通っている学習塾の教材を持ち込んで学ぶことも許されています。まるでスマホのように、**各生徒が自分に適した「アプリ」を「いいとこ取り」で組み合わせる自律的で個別最適な学習環境**を生徒と教師が一緒につくっていきました。

「よくある学校」では、教師が学力差のある生徒全員に「同じ問題が並ぶプリント」を授業用や宿題用に渡します。これは十分に理解できている生徒にとっては「単なる作業の、ムダな時間」になり、歯が立たない生徒には「やる気を削がれる、虚しい時間」になります。EdTechを使うと、学力の高い生徒も苦手な生徒も、それぞれ「理解できていないポイント」に絞って学べるので時間が有効活用されます。

この学習環境がもたらした成果が面白かったのです。**全学年が標準授業時間の約2分の1の時間で履修**でき、理解度をテストで測ってみると**基礎クラスと発展クラスとの学力差が前頁のグラフのように縮小**していきました。そして「低学年ほど学力差が縮まりやすい」ということの結果は道理です。

担当された数学の戸栗大貴先生たちによれば、「一斉授業では手を挙げて基本的な質問をしづらいが、Qubenaを使う個別最適化の学習にしてからは、生徒が教師に声をかけやすくなり、学力に自信のない生徒からの質問も増えた」「いままでの学校の授業だと、わからない生徒は置いていかれがちだったが、それがなくなった」という振り返りがありました。

生まれた余裕時間を「STEAMワークショップ」に振り替える

Qubenaの導入によって、生徒たちは中学数学の標準授業時数の約2分の1の時間で履修を完了したため、生み出された2分の1の数学の授業時数を「数学を使うSTEAMワークショップ」に振り替えて「生活の中の数学」を考える経験をしてもらいました。

Qubena生みの親の神野元基さんの創業の思いは、「子どもたちが〝未来を考える学び〟を

時間の有効活用で「知識・技能」と「探究」を両立

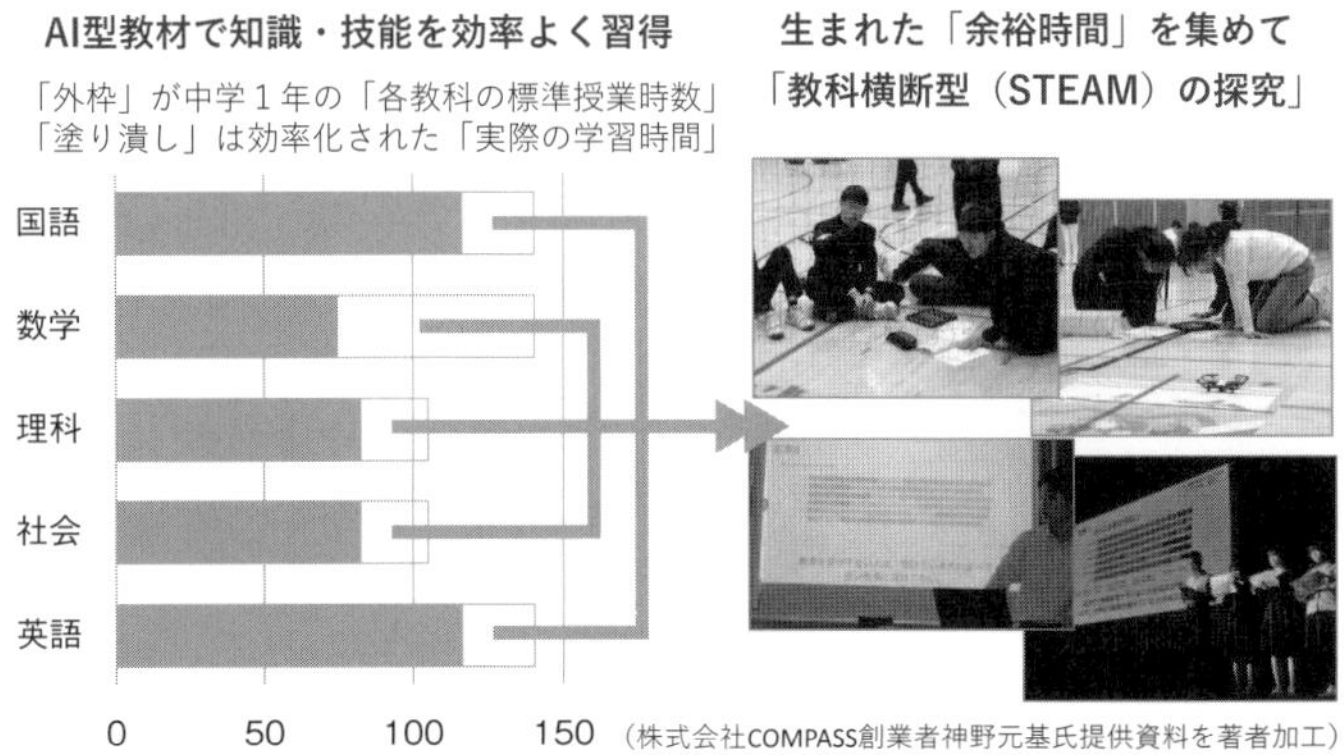

（株式会社COMPASS創業者神野元基氏提供資料を著者加工）

する時間的余裕をつくりたかった」というものです。

まさにこれが、私たちが重視する『「創る」と「知る」が循環する学び』の、最も素朴な姿です。たとえば数学の授業の中で「交通事故の8割は、ヒューマンエラー（人的ミス）が原因」という社会課題に向き合ってもらいました。その解決手段として自動運転技術の可能性を学び、探究の入口として簡単なプログラミングに挑戦しました。

この活動のポイントは「社会に生きている数学」に気づくことでした。たとえば望んだ場所に駐車をするには、車輪の直径×円周率×回転角度／360といった計算が必要ですが、ここで生徒たちは、「数学って、ここで役に立つのか」

という素朴な実感をします。

つまり、**「創る（経験）」学びと「知る（教科）」学びの「交差点」をたくさんつくった**わけです。結果はどうでしょうか。生徒のアンケート結果を見るとこのワークショップの後では「数学は生活に役立つ」「数学は自分の将来に役立つ」といった回答が伸びました。

中高生時代の私も同じで「数学なんて何の意味があるのか」と思いながら授業に出ていました。そういった生徒は少なくないはずですが、工夫ひとつで変わるわけです。

日本は「科学技術立国」という顔もある一方で、戦前から続く「科学なき社会」という顔も併せもつ社会です。「自戒」も込めて申し上げれば「科学なきド文系人間は、社会を誤らせる」わけです。数理・科学に苦手意識を植え付けてしまいがちな現在の学校教育の早急な改革は、国家・社会の将来を左右する重大な課題なのです。

GIGAスクール構想を進める原動力になった「麹町中モデル」

麹町中学校は「政治の中心〝永田町〟にある中学校」です。私たちは国会議員によるこの「麹町中モデル」への視察をたくさんアレンジさせていただき、それがGIGAスクール構想の実現プロセスにボディブローのように効いたと感じています。文部科学大臣や自民党文部科学部会長を経験された国会議員を招いて「1人1台端末で変わる学びの姿」と目に焼き付けていただき、2019年秋に「GIGAスクール構想」に必要な予算獲得アクションを文部科学省とともに起こす際の大応援団になっていただきました。

一方で、この「麹町中モデル」が有名になるにつれ、**「あれは麹町中学校だから、工藤校長だからできた（うちでは無理）」**といった残念な声が全国の教育現場から届くようになりました。子どもを「未来の創り手」として育むのが仕事である先生たちに、そんな敗北主義的なセリフを口にしてほしくはありません。しかし、心理的安全性のない過酷な労働環境で働く先生たちが「できない理由」を並べたくなる気持ちもわかります。そこで、さらに多くの先生に共感を得られる象徴的プロジェクトを増やしていくことにしました。

そこで念頭に置いたキーワードは、**「地方」と「多様性」**でした。

「大熊町小中モデル」：大熊町立小中学校×Qubena（COMPASS）

「地方の小さな町ならではの〝未来の教室〟を創ります、何らか連携しませんか」

福島県双葉郡大熊町の木村政文教育長はお会いした日にこうおっしゃいました。

内閣府原子力被災者支援チームで福島復興業務をしていた谷口太郎君や金子健一郎君、

EdTechによる自学自習と協働探究を両立させる（大熊町小中モデル）

（上）Qubenaを使う自学自習・学びあいの時間。先生はコーチ役に。異学年が融合し、障碍の有無も一つの個性になるインクルーシブな空間。（下）福島県大熊町に新設する校舎の模型（詳細設計中）。「自学自習」と「探究・協働」を両立させるイエナプラン教育を意識し、図書館を中心に据えた空間に大学や企業のサテライトも可能なスペース。独自の「未来の教室」像がハードウェアにも反映される。

直接の部下だった間山貴裕君など経済産業省の熱い若手職員のお膳立てで、私と大熊町とのご縁はできました。

大熊町は廃炉に向かう東京電力福島第一原子力発電所が立地する町です。いまも会津若松市内に避難中の大熊町立小中学校は、２０２２年度からは幼小中一貫の義務教育学校「学び舎ゆめの森」に生まれ変わり、２０２３年度からは大熊町に帰町して新校舎での学びをスタートさせます。ここでは小規模校ならではの特徴を活かすべく、欧州生まれのイエナプラン教育に影響を受けながら、新しい学校づくりを検討していました。

第１章でご紹介したイエナプラン教育

大熊町小中
の事例報告

は、異年齢で構成されたクラスで教科横断・協働型の学習を行う「ワールドオリエンテーション」と個別学習に集中する「ブロックアワー」で学ぶ特徴を持ち、オランダでは２００以上の小学校で実践されています。

そんな学校改革プランの基本方針の上に「麹町中モデル」で実証した要素を組み合わせた「大熊町小中モデル」づくりが始まりました。そもそも「未来の教室」はイエナプラン教育の影響を受けて着想されていますので相性もよいわけです。

現在の児童・生徒数は全部で11人。小学生から中学生まで、そして特別支援学級の子も、外国籍で日本語がまだおぼつかない子も、ここでは集団の中のひとつの個性でしかない。そんなインクルーシブな学習空間です。

１人１台のｉＰａｄを持ち、２０２０年度にEdTech導入補助金を用いて麹町中モデルと同じ「Qubena」数学を導入し、２０２１年度からは全教科でQubenaを導入した授業改革を進めています。つまりイエナプラン教育でいうブロックアワー的な自学自習をEdTech活用で進めるわけです。子どもたちは口々に**「単元を前に進めたり、わからない点に戻ったり、自分でペースをつくれていい」「わからないことがわかるようになって楽しい」**と言います。

いま、この学校では、「個別学習計画」に基づく「新しい時間割」を検討しています。

この「大熊町小中モデル」の凄さの本質は、Qubenaを取り入れて変化していく先生たちの、柔軟で前向きな探究心です。小学6年生担任の陽田恵美先生は「Qubenaをやるようになってから、**一人ひとりがじっくりと自分のペースで課題に取り組むようになりました。**いままでは、理解に時間のかかる子は周りの子が気になって焦りがちでしたが、いまは気にすることなく〝自分の課題〟に集中するようになりましたね」「ゲーム感覚で1単元を終えるとステージをクリアしたような達成感が嬉しいみたいです」と言います。

小学5年生担任の佐藤晴香先生は「これまでのような受け身の授業ではないです。自分が何を学んだかを振り返り、まとめる作業をさせていますが、**大人になるまで彼らを支える学び方が身についてきた感じがします**」と言います。小学2年生担任の和田如子先生は「当初は教科書を中心にしない授業をやることに抵抗がありました」と振り返ります。しかし2学期は教科書とQubenaを併用しましたが、3学期は思い切ってQubenaを中心に授業を進めたら、予定より早く履修できてしまい、「そこで余った時間をもう一度これまでの復習に充てたのが、子どもたちにはプラスだったようです」と言います。

小学生からのEdTechの活用には「紙と鉛筆を使わないと字が書けなくなるのではない

か」との懸念も耳にします。しかしタッチペンを使ってタブレット上に文字を正しく書かないとQubenaが文字を読み取らず、不正解と判定されます。「だから、**子どもたちは読み取ってもらえるように文字をちゃんと書こうとします**」とは先生のコメントです。

大熊町立小中学校でQubenaを導入して半年経った頃、私が再度学校訪問をした時に、ある先生が**「浅野さん、私、いますごく楽しいんです」**と話しかけてきてくれました。

要は、自分が一から十まで知識の伝授をしなくても、子どもがQubenaで問題を解いたりiPadで調べたりと、主体的に学びを進める姿がたくましい。そして**「自分はどんなサポートをしたらよいか」を考えて実践するのが楽しい**とおっしゃいました。「優れたコーチ」という新しい役割への戸惑いとワクワクの両方を感じていらっしゃる印象でした。

一方、教職課程を出たての若い先生たちが戸惑う姿もありました。若い先生であるほど「教職課程で学んできた教育像とまったく違う」「自分が憧れた先生の姿とまったく違う」という苦しさもあるようです。しかし「子どもファースト」で自分のあり方を柔軟に変えるベテラン先生たちの姿が、若手の先生たちに徐々に伝わり始めています。

「坂城高モデル」：長野県坂城高等学校×すららネット

次は、地方の小規模な普通科公立高校での「坂城高モデル」をご紹介します。

すべては長野県教育委員会の内堀繁利高校改革推進役との出会いから始まりました。

２０１８年夏に「未来の教室」とEdTech研究会の第１次提言を出した直後、私の講演の場で内堀さんにお声がけいただき、その後、長野県教育委員会から２名のベテランの先生（その後、軽井沢高校校長になられた下井一志先生、松本美須々ヶ丘高校校長になられた志津享先生）を経済産業省教育産業室に研修派遣いただき、一緒に実証事業を進めました。

長野県教育委員会と議論を繰り返し、坂城町にある長野県坂城《さかき》高等学校を実証校に（続いて軽井沢高等学校を２校目の実証校に）指定しました。地元就職率が高く、中学までに学習に対する苦手意識のあった生徒も、様々な事情を抱えた生徒もいる、**全国にたくさんあるような小規模普通科高校の希望をつくろう、**そういう趣旨でした。

人口減少の進む地方経済・中小企業の将来は経済産業省としても懸案です。地方の中小企業には地元の高校からたくさんの高校生が高卒就職します。だからこそ高校卒業段階で**「自分はなんとかなる」という自己効力感を持って、「好奇心と探究心を持ってシゴトを始**

坂城高等学校
の事例報告

める、仕上げる力」をつけて社会に出てもらうことが、一人ひとりの人生の充実はもちろんですが、地域社会の未来も左右するわけです。

２０１９年からの実証で坂城高等学校に起きた変化は、非常にダイナミックなものでした。坂城町は中小の機械工業が数多く立地している地域ですので、そうした地元企業の研究を通じたキャリア教育の充実や、プログラミング教育との接続も進めたのですが、ここでは主に「すらら」を使った学習に焦点を当てて説明します。高校1年生75名と教員に1人1台のChromebookを配備し、英語・数学・国語の3科目で、ＡＩ型教材の「すらら」を用いました。そして、個別最適化学習を次の3つの観点を大事に実証を進めています。

①**生徒の「学習生産性」の向上**（同じ内容の習得時間がどの程度短縮できるか、より深い内容まで学べるようになるか。授業終了時に「わかる」状態になるか）

②**教員の「指導生産性」の向上**（教員がコーチの役割を担えるようにする。授業時間外の教員の業務削減・効率化で、質の高い授業実施のための準備を可能にする）

③**生徒の学習意欲の向上**（生徒の学習モチベーションを上げるため、学習ログに基づく的確な声がけを実施し、生徒の変化や努力を承認する。適切な難易度の学習を提供し、「わかるようになった」経験をたくさんしてもらう）

EdTechで理解度・学習ペースを自己調整する学習（坂城高モデル）

1時間かけてしっかり「単元A」を学ぶ

高校の単元Aが難しいので、基礎になる「中学の単元a」の復習から入る

「単元A」だけではものたりない応用となる「単元B」も学ぶ

経済産業省「未来の教室」実証事業報告書をもとに、筆者加工。

学習に要する時間の比較

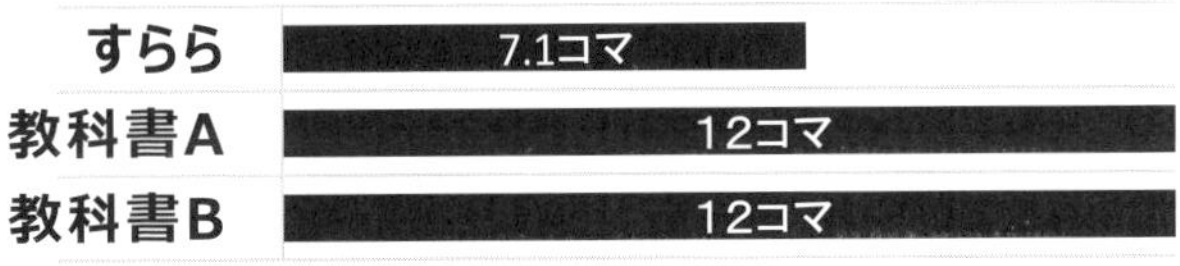

学習前後のテスト結果（英語）

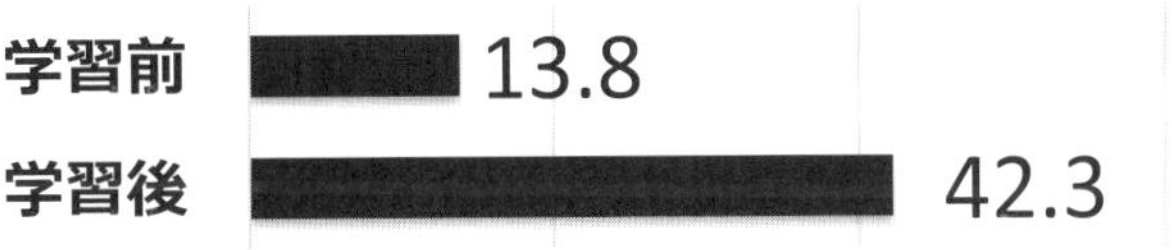

同じ内容を習得するのに、すららでは、約40%早い時間で習得できた。学習スピードだけでなく、テストの結果についても、学習前後で得点率が約3倍になる学力向上が見られた。

「坂城高モデル」は「麹町中モデル」とは違い、教員による一斉授業と「すらら」を用いた自学自習を組み合わせる実証事業でした。各教科で「すらら」を使う自学自習の時間をかなり用意し、英語では週4コマすべての時間の2分の1を「すらら」に、数学では週4コマ中3コマの3分の2の時間を、国語では週4コマ中1コマを「すらら」に当てました。各単元に入る前に実施する「小テスト」の結果で習熟度別のグループ分けを行い、適切なレベルの課題を配信したので、全く歯が立たない生徒も、逆に手持ち無沙汰になる生徒もおらず、生徒同士で学習内容を話し合う場面も生まれました。

何より半分以上の生徒が「わかるようになった」「集中できるようになった」と答えてくれたのは、嬉しい実証成果でした。また坂城高等学校では、コロナ禍の一斉臨時休校の際に生徒からの要望に応える形でChromebookの貸出を始めました。「すらら」に残される学習ログに基づき、回答内容や生徒の正答率、学習時間、配信外課題の自主学習や復習の様子を確認して、**それまでは見えなかった生徒の「隠れた努力」を評価することも可能になりました。**家庭で1日10時間を超える学習を行った生徒や、**学習に苦手意識のあった生徒が少ない時間でも自主的に学習した記録が確認できました。**

私が最初に坂城高等学校を訪問したのは2019年の秋。**実証校としての事業をスター**

トさせた頃の坂城高等学校の現場の空気は、結構、複雑でした。

当時の伊藤浩治校長からも、当初は「個別最適化」に対するご懸念をお聞きしました。後になって知ったのですが、校長ご自身がかつて教諭として坂城高等学校に勤務していた時に、学力不振の生徒向けに学び直し用プリントを自作したものの、つまずいて心が折れて前に進めなくなる生徒も出てきて、余計に生徒の学びに向かう姿勢が引いてしまった苦い経験があったそうです。伊藤前校長のすごいところは、だからこそ「すらら」を自分で解いたことです。仮に生徒が小中学校の単元まで学び直しても「完璧に仕上げないと先に進めない」という仕組みではないので、「心折れる」ことへの疑念が払拭されたそうです。生徒目線に立った校長先生とご一緒できて本当によかったです。

ここで「未来の教室」通信のライターのお一人、加藤紀子さんが取材してくださった現場の先生方へのインタビューをご紹介します（教育情報サイト「リセマム」にて掲載の記事「地方のスタンダードな公立校、長野県坂城高校の挑戦（3）」より引用。元の記事は次頁上のＱＲコードから読むことができます）。

リセマムの記事 ➡

—現在のＩＣＴを活用した個別最適化学習は、具体的にどこが優れていると感じますか。

小木曽先生（英語）：早く進められる生徒は、こちらが指示しなくても自分でどんどん進めています。一方、英語が苦手な生徒に関しては、ＡＩが定着度を測りながら、わかるところが出てくるまで徐々にレベルを落としていくので、そのレベルから「解ける」→「マルをもらう」ことによる達成感が得られます。そういう生徒たちにとって、勉強で「できた！」と実感できるのは、承認要求が満たされる瞬間であり、一斉授業ではなかなか経験できなかった達成感なんですね。歩みはゆっくりですが、そうやって少しずつ学力が向上している手応えは感じています。

柴田先生（数学）：以前の数学の授業での一番の課題は、一斉授業ではひとつの内容しかできないので、クラスの中には、わからなくて手が止まってしまう生徒と、すぐにできてしまってやることがない生徒が混在してしまうことでした。それが「すらら」の導入によって、皆が何かしらやっている、というクラススタイルになり、授業の雰囲気が改善しました。中学では学校の授業についていけなかった子が、高校に来てからは自主的に勉強するようになったという保護者の声も聞かれます。

小木曽先生（英語）：校長の話にもあったように、坂城高校には、中学までは学校に行けない、教室に入れないといった経験をしてきた子たちがいます。あるいは、識字の障がいがあったり、注意欠陥の傾向があったりして、それまでは学習の成果が上がらなかった子たちも、「もう一度学び直したい」と思って入学してきます。

そういった子たちにとって、依然として毎日学校に来て授業を聞くことは難しくても、別の空間から自分のパソコンを通じてコミュニケーションが取れ、同じ課題に取り組む機会が得られます。これは我々にとっても、これまで以上に彼らをサポートできる可能性が増えているということです。

（生徒に対してのアンケートでは、5～6割が「授業に集中しやすくなった」とポジティブな回答が出ていました。（筆者注））

柴田先生（数学）：学習効率が非常に良いシステムなので、他校でも適用できるのではないかという観点でも色々と模索しています。この坂城高校でこうして1年で成果が現れるということは、かなり汎用性があるはずです。（略）

――一方で、どんな課題がありますか。

小木曽先生（英語）：教員にとっては、ドリルやプリントを準備する時間は減り、文法や単語など知識ベースのインプットをすららに任せる一方、レクチャーの部分は、本校の生徒にはそれを聞いて理解するのは、まだ難しい状態です。すららをやる前に、「この知識を入れておいたほうがいいな」というところは授業で少し説明してから、「じゃあやってみよう」ということが多いです。

全体的に英語力は決して高くはないのですが、それでも半分の時間は教科書を読み、それをテーマとしてChromebookで調べさせて、レポートを書かせています。インプットとアウトプットを半分ずつに切り分けて、相互作用で英語力を高めようと工夫しています。

柴田先生（数学）：数学の場合、昨年の秋にスタートした際には、その学年の学習指導要領に基づいた範囲をいきなりやらせようとしたのですが、生徒たちのレベルには合わず、難しすぎて「もう嫌だ」と投げ出されてしまいました。そこでこの4月からは、小中学校の学びから、下積みのように上げていく方法に切り替えたところ、半年以上たった今でも、その学びが止まることはありません。まずはシステムに慣れさせる意味でも、易しいレベルからのスタートは、生徒たちにとって入りやすかったようです。

――小中学校からやり直しをすると、高校の範囲が終われないのではないでしょうか。

柴田先生（数学）：確かに高1全員が数1をクリアできるかといえば、正直それは難しいとは思っています。とはいえ、やれなかった授業があったとしても、すらのコンテンツとしては残っているので、2年生になって足りないところがあれば補っていけばよいと思います。

小木曽先生（英語）：授業で皆に同じプリントを配って一斉にやったとしても、果たしてそれが身に付いているのか。習得しなければ結局はやっていないのと同じことなので、仮に終われなくても個々がそれぞれのレベルまで定着できていればいいのではないかと思います。ほかの高校生に比べたらレベルは高くないかもしれないですが、英語ができると思えるようになった生徒は少しずつ出てきています。こうして一歩ずつ歩みを進め、「できるようになった」という自信を感じられることこそ大事なのではないか、と思いますね。

柴田先生（数学）：数学でも、自分がつまずいたレベルの易しい問題から積み上げていくので、子どもたちの表情からは、「自分にもできる」という自己効力感を感じている様子が見られます。数学に主体的に触れる時間というのは明らかに増えていて、何かしら自分なりに進めている。以前に比べ、学習の効果はかなりアップしているように感じます。

鴨居中学校の
事例報告

個別学習計画とEdTechで自己調整を進める学習（鴨居中モデル）

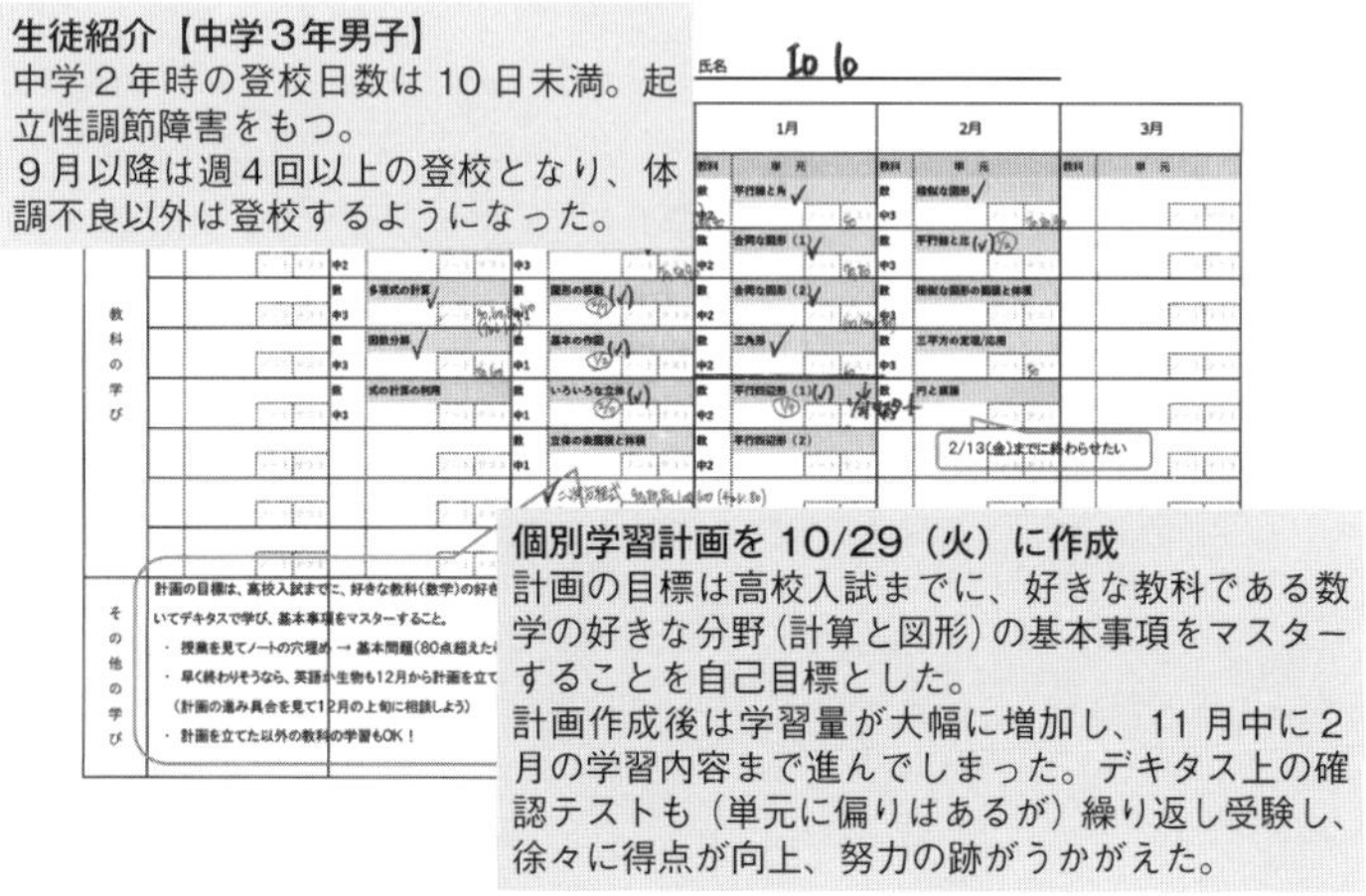
生徒紹介【中学3年男子】
中学2年時の登校日数は10日未満。起立性調節障害をもつ。
9月以降は週4回以上の登校となり、体調不良以外は登校するようになった。
1月
2月
3月
2/13(金)までに終わらせたい
個別学習計画を10/29（火）に作成
計画の目標は高校入試までに、好きな教科である数学の好きな分野（計算と図形）の基本事項をマスターすることを自己目標とした。
計画作成後は学習量が大幅に増加し、11月中に2月の学習内容まで進んでしまった。デキタス上の確認テストも（単元に偏りはあるが）繰り返し受験し、徐々に得点が向上、努力の跡がうかがえた。

経済産業省「未来の教室」実証事業報告書をもとに、筆者加工。

「鴨居中モデル」：横浜市立鴨居中学校×城南進学研究社

さらに「未来の教室」実証事業では、不登校状態の生徒や、大勢の生徒がいる普通教室には入りにくい生徒を対象にした事業をいくつも実施してきました。特に「別室登校」のプロジェクトは神奈川県横浜市立鴨居中学校と広島県福山市立城東中学校で行いました。ここでは齊藤浩司校長率いる横浜市立鴨居中学校での実証事業をご紹介します。

日本財団の『不登校傾向にある子どもの実態調査報告書』（2018年）によれば、不登校傾向の生徒は、中学校に行きたくない理由について、身体的症状以外の理由として**「授業がよくわからない」など学習面での理由を挙げる傾向**があるようです。鴨居中学校の学校内特別支援教室（通称「和（なごみ）ルーム」）で進めた実証事業は、不登校傾向や長期欠席傾向にあって学習に遅れが生じてしまった生徒たちに**EdTechと個別学習計画と学習支援員（コーチ）を活用した学習環境**を提供するものでした。

具体的には、株式会社城南進学研究社が週1回（火曜の9時から17時）のペースで「和（なごみ）ルーム」に学習支援員を配置し、この会社が開発した**デジタル教材の「デキタス」**を利用して、小学生の学習範囲も含めて自由に学び直しのできる環境を学校と一緒につくりました。**教科学習だけでなくPBL（プロジェクト型学習）を提供**し、探究の入口づくりや、生徒同士のコミュニケーションの促進を目指しました。

全校生徒508名のうち8名がこの場で定期的に学ぶのですが、うち7名が「和ルーム」滞在中に先生や学習支援員のサポートのもとでデキタスを利用し（家庭での利用は1名のみ）、希望する生徒に「個別学習計画」の作成サポートを入れました。計画の作成に当たっては、生徒本人が希望していることを絶対条件とし、また、本人が自らの意志で計画の作成を希望するように、学習支援員からゆるやかな働きかけを行い、5名が城南進学研究社の担当者とともに計画を作成しながら学習を進めました。

ここでの**「個別学習計画」作成支援のポイントは、「一切のＭｕｓｔ（～しなければならない、～すべき）を排除する」ことでした。**

「好きなこと、取り組んでみたいこと」を生徒から聞き、生徒本人の潜在的にやりたいと感じていることを引き出しながら、「自分で立てた計画」となるよう、以下の手順で個別学習計画の作成を支援しました。

1．好きな教科、得意な教科、学びたい教科を聴く。
2．特に学びたい分野や単元について、目次を見ながら聴く。
3．将来のこと、テスト範囲、新学年へのつながりなどを考慮し学んでおいたほうがよいと思われる単元や学ぶ順番を助言する。
4．計画表に単元を書き起こす。
5．計画通りに進まなくてもよし。そもそも多くの物事は計画通りに進まないもの。楽しく、無理なく、計画の見直しを進めればよいことを習慣づけていきました。個別学習計画を作成した生徒は５名全員がデキタスを用いた学習時間の増加や、「和ルーム」への放課後滞在時間の延長が見られ、学びの動機にもプラス作用をもたらしていることがわかりました。

学校の先生や支援員による生徒の学習意欲喚起においては、「無理してやらなくてもいいんだよ」「ここまで進んだの？ よくやってるね」「しっかり（ノートに）書けている」「テストの得点、上がったね。繰り返し粘ってよかったね」などの言葉かけが有効だったようです。

自分のペースで学習できる環境ができたことで、本来なら学校に登校することは難しい子が、定期的に登校しながら学習できる状態になりました。

2年間にわたる実証事業を見て感じたのは、これは「別室登校」の生徒だけでなく、「すべての生徒に必要な学習環境」だ、ということです。

終章で学校教育制度の課題をまとめますが、「特例的事例の普遍化」や「いいとこ取りの組み合わせ」の発想で、学校現場が生み出した特例的事例の恩恵を、「すべての子どもたち」が享受できる仕掛けが必要なのです。

「パーソナルトレーニング」と「当事者研究」からのヒント

「学びの自律化・個別最適化」を実証する事業群を4つご紹介しました。本章の最後にこのコンセプトの実現に向けて重要な異分野のアプローチを紹介します。

それは**「パーソナルトレーニング」と「当事者研究」です。**

「パーソナルトレーニング」は、フィットネスの世界で近年成長しているサービス形態です。トレーニングの目標も手に入れたいカラダも、そもそもの体組成もメンタリティも千差万別な顧客たちに向けて、個別のトレーニング計画を組み、トレーニング記録をデータで残し、日時を約束して、無理なく身体を鍛え直していきます。

私の通うデポルターレクラブの代表、竹下雄真さんの言葉は本質的です。「コーチとの約束で習慣ができれば身体づくりはできるし、それがないと大抵の場合は続かない、だから**〝約束と習慣〟がすべて**です」。データと観察に基づく個別トレーニング計

パーソナルトレーニングの風景

（デポルターレクラブ提供）

画と「約束と習慣」の上に成り立つパーソナルトレーニングは、これからの学校、つまり「未来の教室」に応用すべきアプローチだと思います。

もう1つ大事なのが**「当事者研究」**という学術アプローチです。

東京大学先端科学技術研究センターの熊谷晋一郎准教授が切り拓かれる「当事者研究」という学術分野は、障害者や依存症の方々の自立・就労支援現場から生まれた、企業組織マネジメントにも応用可能なアプローチです。もともとは障害や依存症を抱える方々が「自分の困りごと」を「研究対象」として捉えて、「失敗も成功も研究成果」だという気楽な心持ちで、たくさんの支援者やテクノロジーへの「上手な依存」をして生きる、(真の意味での)「自立」を手にする作法です。

具体的には、当事者として「自分の困りごとや失敗のパターン」を振り返り、「見える化」し、それを「自分の皮膚の下の課題(医学アプローチ)」「周りの環境の側の課題(社会アプローチ)」に分けて整理します。**周囲に対して明確なリクエストを出し、たくさんの依存先を上手に組み合わせて自律的に生活し、就労するための手法です。**

この「当事者研究」には障害者・健常者を問わず必要な人生のスキルが詰まっています。最近では企業マネジメントの中でもこのアプローチを導入するトライアルも生まれていますが、**学校生活の中でも日常的に応用すべきアプローチ**ではないかと思うのです。

たとえば、「苦手な科目がどうしてもある」「集中力が続かない」「大事な時に焦ってミスをする」「自分の説明が人に伝わらない」など「自分の困りごと」を研究対象のように捉えて、失敗を恐れずにいろいろ工夫を繰り返す「当事者研究」に全員で取り組んではどうでしょう。学習の当事者である生徒が「自分の困りごとや得意なこと」を理解して**「自分のトリセツ（取扱説明書）」**に表現して、たくさんの依存先（人やテクノロジー）を上手に組み合わせて**「自分が力を発揮しやすい環境」**を実現したらいいと思うのです。

つまり、自分の認知特性や内面の葛藤を含めて「自分のトリセツ」をつくり、支援者や協働の相手と共有し、まるで自分自身を「研究対象」にするように自己認識を深める続ける**「当事者研究」**のアプローチを健常者も含めた学校教育全体に延伸して応用し、その過程で**「個別学習計画」**をつくり、学習過程がデジタル情報として記録された**「学習ログ」**を積み上げながら、「パーソナルトレーニング」として「個別学習計画」を常に更新する。そしてそれを動かすのが、生徒と先生（コーチ）との**「約束と習慣」**というわけです。

報道によれば、福岡教育大学の川口俊明准教授の研究チームが小学4年生から中学3年生間での学力変化を調査した研究では、全体の約3割が中学3年生時点で小学4年生の学力平均を満たしていない実態が明らかになったそうです。

学習のほとんどは「わからないことをわかるようにする」プロセスにすぎません。生徒が「わからなくなり始めた」ところで心折れてしまう前に、「わからないをわかったに変える」ためには、こんな異分野のアプローチの中にもヒントがありそうです。

対談

学校で「当事者意識」が育つ教育をめざして

工藤勇一 × 浅野大介

工藤勇一氏プロフィール

1960年山形県生まれ。東京理科大学卒。公立中学校教諭、教育委員会教育指導課長等を経て、2015年より千代田区立麹町中学校校長となり、定期テストの廃止や担任制の廃止など画期的な学校改革が注目を集める。教育再生実行会議委員、規制改革推進会議専門委員、産業構造審議会臨時委員などを務めており、現在は横浜創英中学・高等学校校長として国と現場の双方からの改革を進め続けている。主な著書に『学校の「当たり前」をやめた。』(時事通信社)ほか多数。(2019年12月16日対談収録)

「未来の教室」を象徴する取り組みとなった千代田区立麹町中学校での、個別最適化学習を可能にするAI型教材「Qubena」の実証事業（2018年7月から2020年2月まで）。同校の校長 工藤勇一氏（対談収録当時。現在は横浜創英中学校・高等学校校長）と、実証事業や日本の教育について語りました。

「学び合い」が生まれる「個別最適化」を目指して

浅野：今回、麹町中学校で実施していただいた実証事業は、数学の基礎も演習もAI型教材の「Qubena」で個別に学ぶという、ある意味、いままでの一斉授業にはない自律型学習へのチャレンジだったと思うのですが、現場では異論・反論などありませんでしたか？

工藤：一般的な公立中学校でやったら異論・反論は出てきたでしょうね。でも、麹町中では異論なんて一切なかったですよ。たぶん、麹町中がこの事業をスムーズに進めることができた原因は2つあると思っています。1つは、一斉授業の「シーン」とした中で黙々と勉強するような授業をやっていなかったこと。とくに数学は、問題演習のときも座る場所が自由だったりとか「こうでなければいけない」みたいなものがなかった。もともとそういう雰囲気をつくっていたところに、Qubenaを導入したんですよ。

浅野：すでに、個別最適化を受け入れる「下地」があったということですね。

工藤：そうですね。もう1つは、子ども自身が学び方を知っている、ということ。たとえば、麹町中の生徒は、「わからないことがあれば人に聞く」というアクションこそが大事だということを、さんざん習ってるんです。だからQubenaを入れても、孤独な勉強にはならなくて、自然に学び合いが起きる。ほかの学校や自治体は、同じQubenaでも個別学習で黙々と問題を解かせる姿も見られますが、それだと集団でいる意味がないですよね。
浅野：なるほど。会話も助け合いも成り立たないですよね。
工藤：麹町中ではね、中1の時から、「勉強は、わからないものをわかるようにするだけのことなんだよ」って言ってるんです。そのためには、2つのアクションが必要で、1つは「聞く、調べる」、もう1つは「反復する」。この2つの作業が学力を上げるために必要だと教えているので、自然に学び合おうとするんですよ。
そうするとね、最初のうちは勉強したくない子ども同士が集まるんだけど、この状況っていつまでも続かないんですよ。子どもの方もだんだん周囲から取り残されていく感覚がわかり始めるから。だから、教師たちも最初から無理矢理働きかけず、子どもたちが自分からやろうとするまで待つようにしてます。与えられないと勉強できない子どもに、与えなくても勉強できる仕組みをつくることが大事ですから。ほかの学校との大きな違いは、子ども同士の学び合いが、さらに学びを促進したことだと思う。
浅野：大事なのは主体的に「やる気」が芽生える環境づくりですよね。ちなみに、今回のQubenaは成績上位クラスはやらなかったんですよね？
工藤：そうですね。このクラスは、もともと自分で取り組む内容を決めて、わからないときに先生や友達に質問したいという生徒が多いんです。だから、授業で使う問題集も自由にしていて、塾で使っている問題集を持ってくる子もいれば、こちらが薦めたものを使う生徒もいるし。問題集を解くときは、わざわざQubenaをやっているカフェテリアに移動してきたりね。
浅野：なるほど。つまり、その子たちはとくに自学自習の習慣が身についていたってことですよね。僕も、その状態が理想だと思います。自分で自分の時間割を決めて、途中の成果を教師や仲間に相談して、まず自己評価をして、教師や仲間からの評価と見比べながら学ぶスタイルが自然ですよ。「日本の大人は勉強しない」とかよく言われますけど、子どものときから「自分に合った学び方」を頑張って確立する経験がなくて、学ぶってのは「苦行」とか「つまらん」という経験を学校時代にしてきた人は、「大人になっても一生学び続ける？　もう勘弁してくださいよ」となりますね。

工藤：そうですね。学校って本来、自分で学べる子どもたちを育てなければいけないのに、いまの学校は違いますよね。子どもも親も学校にサービスを求める時代になって、学校もそれに応えようとして。子どもが自分から学ぶスタイルへ変えていかないと物事を自分で考えないし、黙っておとなしく先生の言うことを聞く生徒たちばかりになりますよ。

浅野：でもとくに中学や高校の授業って、受け身で聞かされるスタイルですよね。僕なんて、いまでも30分以上人の話を聞き続けるのは、かなり苦手です（笑）。

工藤：確かにね、ムダな授業を受けている子どもたちがいます。麹町中では「宛名不明」の作文は書かせないし、よくある「今年の抱負」も書かせない。そんな場面で本音なんて書くわけないんだから。運動会の感想文とかもね。なぜって、目的を見失っているものはやらないって決めたからなんですよ。感想文って何のためにやるんですか。子どもは常に自分のモチベーションを確認されるわけでしょ。麹町中の生徒に「感想文書け」なんて言ったら、「先生、それ意味あるの？」って言われちゃうな。

浅野：まさに「それ意味あるの？　ムダじゃない？」って堂々と論理的に主張できない文化が、これまで日本の企業や役所や学校現場の「働き方改革」を阻害してきたわけです。「なぜやるのか」

をいちいち考えない人が集まる組織はムダなシゴトがあふれかえりますよね。学校も役所もその典型。自分で問うて判断する習慣が中学生で身につくようになるのは、麹町中の先生たちを見ているからなんですかね。

工藤：たぶん、そうでしょうね。僕がやってきたことは、本質的な学びの議論を広げていくってことなんです。麹町中は「宿題をなくした」「定期テストをなくした」「担任制を廃止した」とか、そんな表層的なことばかりが取り上げられるけど、その裏にあるのは「意味がないことを黙々とやり続ける人を育てちゃいけない」ってこと。それを貫くと、結果が出るんですよ。学力も上がるし、3年になったら勝手に勉強するし、勝手に進路決めてくるし。もうすごいんですよ、子どもたちって。進路の選び方も多岐に渡っていて。情報を調べてきて、「金沢の高専を受けようかな」とか言い出すわけですよ。

日本の学校で育ちにくい「当事者意識」

浅野：工藤先生とは「未来の教室」を始めた当初からずっとご一緒させていただきました。このプロジェクトを通しての気づきや課題点を教えてください。

工藤：いまの日本って、特別支援は特別支援だけ、ICTはICTだけ、みんなバラバラで教育を語っていて、どこかで矛盾が起きているような気がしてたんですね。でも「未来の教室」実証事業をやってみてわかったのは、なにも矛盾してないってこと。学びの本質も、個別最適化も、全部オープンで語っていくと、日常的にICTを使うことって自然になってくるんですよ。麹町中は、ある意味無法状態ですよ。子どもはヘッドホンつけて学校に来るし、授業中だってタブレットを出して急に調べものしたり…。

浅野：麹町中ってスマホ利用のルールはどうなん

でしたっけ?

工藤：スマホは正式にはオッケーしてないけど、みんな出すので。もちろん、授業中に遊ぶ子もたまに出現しますよ。でも学級崩壊にはならないし、授業中に平気でゲームしてもいいということにはならないんですよ。自分のスマホを自由に使っても叱られる環境にはないってことですね。

たとえばね、辞書で調べるとき、昔だったら紙の辞書じゃないとダメっていう教員もいたけど、麹町中はわからないことがあればスマホで調べればいいじゃんって。「ちょっとネットで調べて」って教員が言ってもおかしくない雰囲気なんです。

浅野：さっきも工藤先生がおっしゃいましたけど、勉強とは何をすることなのかってことや、目的を見失ったものはやらないっていう学びの本質を生徒が理解してるから、スマホを使わせても大丈夫って判断なんですよね。

工藤：そうですね。やっぱりね、やらされること、決められることに慣れてしまって自分で選べない、自分で計画を立てることができない学校教育っておかしいですよ。そんな子どもたちが大人になって、社会を硬直化させるという矛盾が起きている。これを改革しなければいけないわけですよ。子どもの学ぶ立場でいうと、まず学ぶ時間を減らす。自分で選択できるようにする。すべての子どもに同じ教育を与えようという、日本のいまの文部科学省の姿勢も変える必要がある。そうじゃないと、「なんであそこだけなんですか」みたいな不満を平気で言っちゃうわけ。自分で取りにいくのではなくて与えられる構図ですね、これを変えなきゃいけないんですよ。

浅野：自分で学びを自分なりに設計するっていう姿勢がないと、多分、そういう発想になってしまうんですよね。

工藤：そうなんです。麹町中はね、そのマインドセットをすごく重要視してて。中1のときから、親に対してもいろいろアクションを起こしてるんですよ。たとえば、自分の進路を決めることは、なにをやらないか、どれだけ捨てられるかなんですよ。だから、捨てることができる子どもにしなさいって親に教育するわけです。ある一点で尖った子どもは自分の進路を広げることができるんですよ。大人はみんな、体験としてそれを知っているのに、子どもには広く浅くを求めてしまう。〝決めないで。まだ決めちゃダメよ〟って。子どもが飛び出そうとしたら、〝いやいや早いでしょ。あなたまだこんな道があるんだから、もっとあとで決めればいいいじゃない。まず大学行ってから…〟ってなるんですよ。この親の姿勢がいつまでも子どもに言うことを聞かせる甘えの構図につながっているんですよね。

浅野：そうそう。だから、子どもたちに〝当事者意識〟が育たないんですよね。

工藤：いまの日本の教育に足りないのは、当事者意識を持って問題解決しようとする姿勢を育てないことですね。でも、学校では子どもを当事者にさせてないから育つわけないんです。むしろ、大人は子どもが当事者になることを奪おうとしてしまう。

浅野：私がよく、「教育の悪い面」がそのまま世の中に出ているなと思うのは、私たちは「ルール」や「慣習」がおかしくてもそれを自分たちから変えていこうとはなかなかしないこと。多くの大人たちも目の前の課題に対して、試行錯誤しながら解決していく力が足りないし、その場でルールを変えて柔軟に対応する発想もない。つまり、自分たちで何かを変えていくという当事者意識って大人にも足りないんですよね。

工藤：あとは、子どもたちの学び方も、学校で学んで、塾にも通って…と最悪の学び方になっている。つまり、非効率な学びの循環が、非効率な子どもを生み、非効率な大人を育てているってことですね。やらされっぱなしなんですよ。日本の教育を変えていくためには、学校と民間教育の両方にアプローチしなきゃいけなくて、文部科学省と経済産業省がオールジャパンでやらなきゃいけない理由ですね。

第4章

「学びの探究化・STEAM化」がワクワクを生む

～「ホンモノの課題」から始まる「いいシゴトをする」学びへ

STEAMは教科の壁を溶かし、学校を「知的創造のシゴト場」に変える

STEAMのイメージ

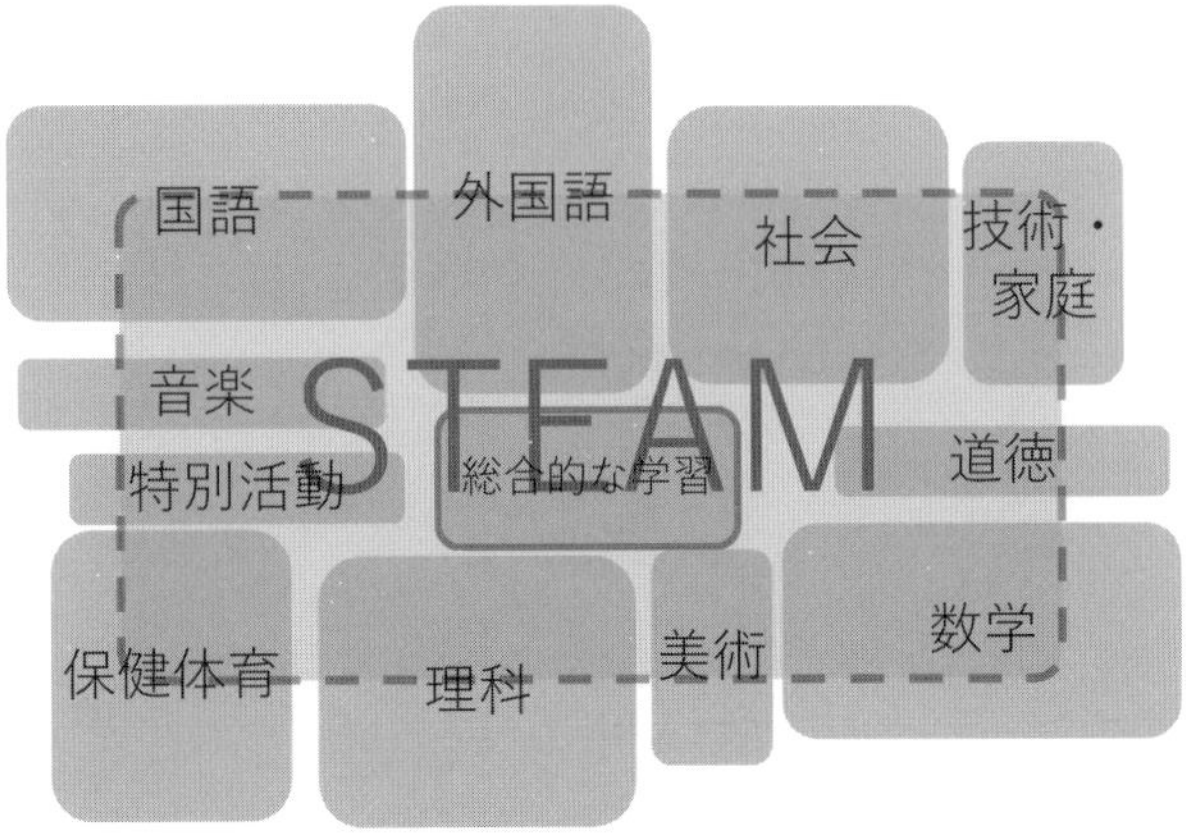

面積の大きさは、中学校標準授業時数を元に作成（イメージ）

世界の教育改革シーンで重視されているコンセプトの1つが、STEAMです。科学技術イノベーションの創出、アート思考・デザイン思考の重要性といった文脈から、産業界もこれを重視し始めました。S（科学）T（技術）E（エンジニアリング）M（数学）を合わせた「STEM」と「A」（Arts：人文社会・芸術・デザイン）を足し合わせた、**学際性（教科横断）を重視して探究型・プロジェクト型で進める学習です。**

学校教育の文脈で語ると、上の図のように「つながり」を感じにくい各教科系

統の学びが「タテ糸の学び」だとすれば「ヨコ糸の学び」。つまり、**社会課題や生活課題、科学技術などの「ホンモノの課題」に向き合う当事者**として、また**表現やパフォーマンスの当事者**として思考・判断・表現を繰り返し、タテ割りの知識・技能を学際的に手繰《たぐ》り寄せて**「一つのシゴト」を仕上げていく探究学習**です。

身近な生活課題に応えるロボットやアプリを創るのも、前人未到の数学の証明問題を解くのも、地球環境問題を考えてみるのも、スポーツで自己ベストを叩き出すのもありで、論理的思考を大事にする限り、テーマは何でもよいはずです。これまで「既存の知識や規範を習う場」であった日本の学校が、企業や大学から専門家の力をどんどん借りて、「楽しく学術する場」つまり**「知的創造をするシゴト場」**に変わるチャンスです。

２０２１年８月、政府の総合科学技術イノベーション会議（ＣＳＴＩ）に「教育・人材育成ワーキンググループ」が発足し、その場で議論されたのが次頁のグラフです。「探究を基にした理科の授業」を重視する国ほど生徒が「科学の楽しさを感じる」という、直感的にも納得のいく調査結果です。ＰＩＳＡテストの理数科目のトップクラスにいる日本の中学生たちのうち「理科や数学に関係する職業につきたい」と考えている生徒の割合は国際平均を割る実態や、**「そもそも理科や数学を楽しいと思っていない」**という実態も明ら

「探究を基にした理科の授業」を重視する国ほど、
生徒が「科学の楽しさ」を感じる傾向（PISA2015より）

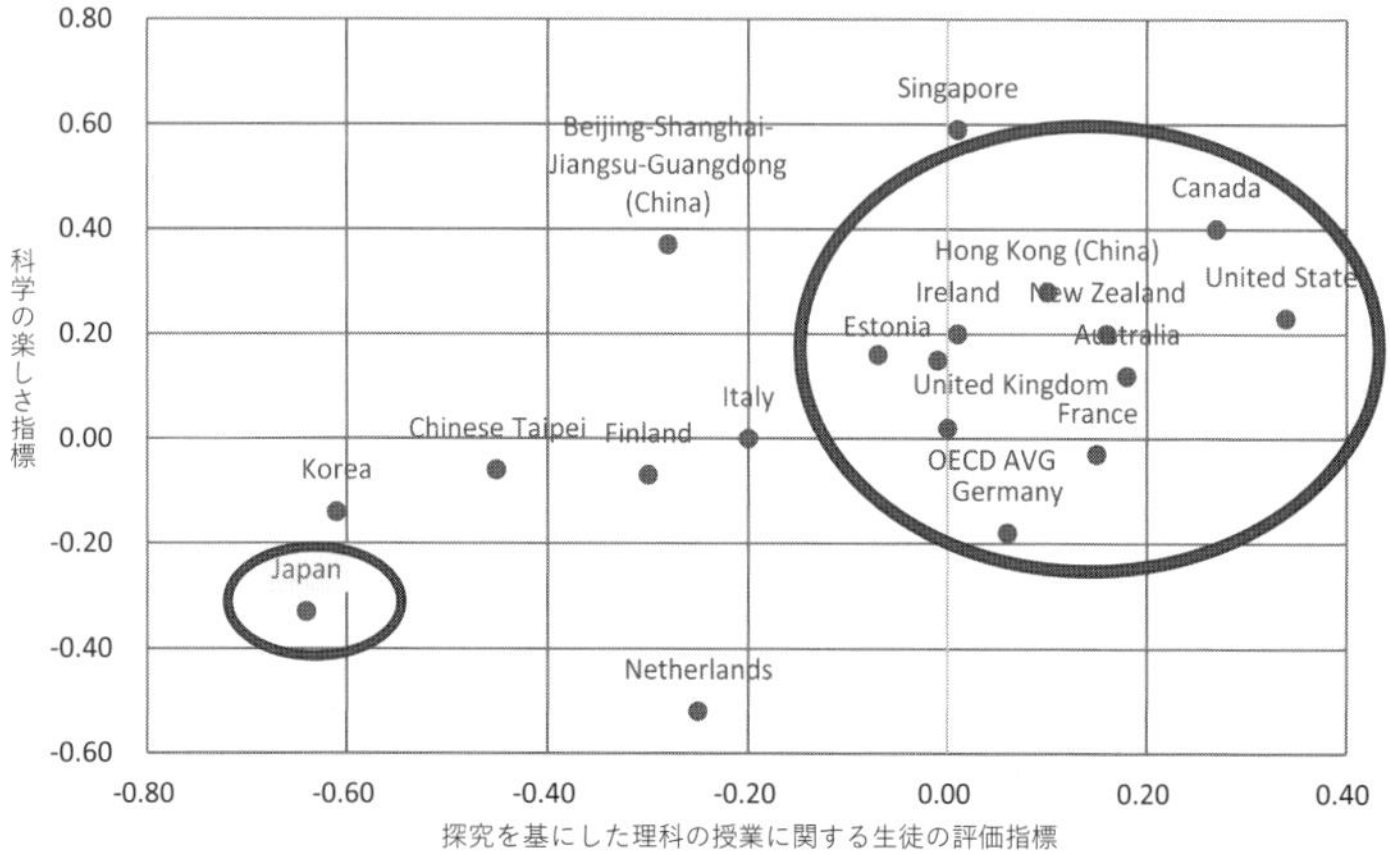

（出典）国立教育政策研究所「生きるための知識と技能　OECD生徒の学習到達度調査（PISA）2015年調査国際結果報告書」表2.3.2、表2.7.7より文部科学省作成。

かにされました。**テストの点数は叩き出せても「活きた知識」として数理の面白さや有用性を感じられていない問題**や、「高校以降の伸びシロがない学び方」をさせている問題を直視して、学び方を見直す必要があるようです。

次は、それを思い知らされるような事例をご紹介します。

たとえば「災害対応」は、真剣勝負のSTEAM学習

日本では、毎年どこかで大きな災害が発生します。経済産業省ではそのたび多くの職員を被災地で生活復旧支援に当たらせます。私もこの「火事場要員」で、過去に何度も出動しましたが、

被災地の現場では「日本社会の弱点」が毎度浮き彫りになります。同時に、いろいろな意味で、災害対応の現場は実に「STEAMな学び」にあふれかえる場だと感じます。つまり幼い頃からの学びの「探究化・STEAM化」によって解決可能な「日本社会の弱点」なのです。まず、次の2枚の写真を見てください。

災害時の「避難所設営・運営」も、STEAM学習

住民の方々が、寒い時期に避難所である2つの体育館に集まり、床に雑魚寝した状態で避難生活を送る様子です。

仮に読者の皆さんがここの市役所の職員だとして、「君に現場管理を任せる」と命じられたと思って自分のすべきことを考えてみてください。「習ってないからわかりません」ではなく、手元のスマホで自分で調べて見当をつけるのが「学びの入口」になります。

この雑然とした風景には、重大なリスクが潜んでいます。

スマホで「避難所　雑魚寝　リスク」と検索して出てくる数本の記事に目を通せば、この場面では「エコノミークラス症候群」や「低体温症」の予防が必要で、諸悪の根源は「床の上で寝ること」だと察しがつきます。床で寝るとベッドで寝る時より血栓が発生しやすくなり、体温も奪われるらしい、と見当がつきます。それを近くの医療ボランティアの医師に尋ねれば「その通り」と即答してくれるはずです。

しかし、そんな中、避難所の現場では次のような事態が発生します。

私たち政府派遣隊がざっと試算して発注した200個の段ボールベッドのうちまず100個が避難所に届いているのに、**「全員分がそろっていない。平等じゃないから配れない」「そもそもこの狭い体育館に後から段ボールベッドなんて入らない」**など、いろいろな理由をつけて配備してくれません。

片付けさえすれば実際に充分に入るスペースがあり、生死を分ける可能性がある問題なのに「段ボールベッドを配備しない」という決定がされる——これが日本の災害現場で発生しがちな「リアル」です。

まず、段ボールベッドをどう配置するかは単なる算数（図形）の計算問題です。また、限られた段ボールベットの分配について避難者間の平等性が気になるなら高齢者や妊婦など「配布の優先順位」を考えて納得を得たらいい。

つまり必要だったのは算数（図形）と国語（論理）と特別活動（学級会）の学習内容です。

前掲の下の写真の体育館ではジェットヒーターが焚かれているのですが、避難者から「夜が寒くて眠れない」という訴えがありました。この建物の構造を見ると、暖まった空気は上に行って冷やされそうですし、ヒーターをこれ以上焚いたら重い二酸化炭素が降りてきて床に雑魚寝している避難者がたくさん吸って体調を崩しそうです。**「建物を暖めることを諦めて、人を直接暖めたらどうか」**と発想を変えてもいいのです。

段ボールベッドを置いて、毛布や湯たんぽで人を直接暖めるか？　もし避難物資として大量に届いた電気毛布を使うならどれだけ電力が必要か？　契約キロワット数は？　配電盤の工事はすぐできる？　しかし「この種の会話」はなかなか始まりません。

この局面で求められたのは、まず**「素人として仮説を立てて、専門家から答えを引き出す力」**。そして**「混乱」の中ですぐにとりあえずの「暫定解」を出してみて、間違っていたら躊躇なくそれを捨てて、「次の暫定解」に飛び移る力**でした。

ここで感じるのは、小学生や中学生の頃から身近な生活課題や大きな社会課題に向かう機会を与えて、そこで論理的・科学的思考や教科知識を生きた形で吸収することの重要性です。第1章でご紹介した伊那小学校そのものです。実は、この避難所体験を背景にして、私の軍師である〝地理屋〟の河合琢也さんとZ会に災害をテーマにしたSTEAM学習コンテンツを作成していただき、経済産業省のSTEAMライブラリーで公開中です（168頁にあるQRコードからどうぞ）。

それでは、「未来の教室」実証事業として進めてきた「学びのSTEAM化」プロジェクトをいくつかご紹介します。

STEAM高校「広域総合学科」の可能性にむけたトライアル

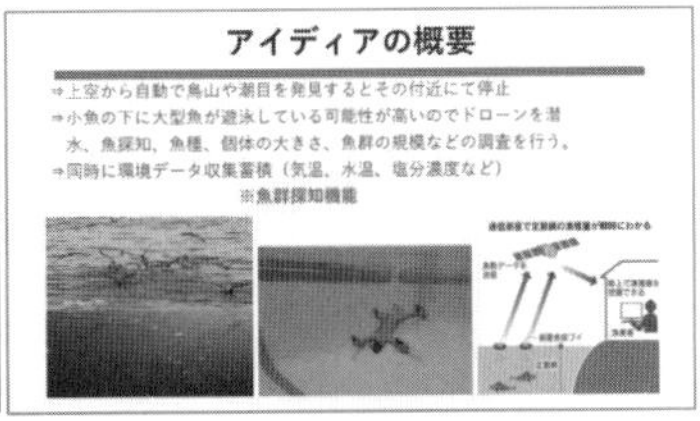
アイディアの概要
⇒上空から自動で鳥山や潮目を発見するとその付近にて停止
⇒小魚の下に大型魚が遊泳している可能性が高いのでドローンを潜水、魚探知、魚種、個体の大きさ、魚群の規模などの調査を行う。
⇒同時に環境データ収集蓄積（気温、水温、塩分濃度など）
※魚群探知機能

（左上）農業実習上の課題でプログラミングとロボティクスに挑戦する生徒達、（右上）沖縄水産高校の生徒達のチャレンジは「魚群探査のできる水陸両用ドローン」、（下）エンジニア、メディアアーティスト達との対話は、１年間全てオンラインで実施した（写真は参加校を結んだ報告会）。

「STEAM高校〝広域総合学科〟」を構想する

私は普通科高校の出身ですが、大学受験によほどの動機でもない限り、高校普通科の学びに意味を見出すのは大変です。何しろ世界や社会や人生とのつながりを感じられない学びですから。

そんな**普通科高校に「日本の高校生の7割」もの生徒が通っていて本当によいものなのでしょうか。**「なんとなく普通科」に進学する生徒が多いなら、その「**なんとなく進学する普通科の中身」を変えるしかありません。**大学や専門学校で初めて「専門」に出合うのでは遅すぎて、職業的な意識も高まらないし、探究心も芽生えません。「未来の普通科」では何らかの専攻やダブルメジャー（複数専攻）をもって普通教育も深めるという姿を目指してはどうでしょうか。しかし現行の普通科高校が〝単体〟で「未来の普通科」を実現するのは極めて困難でしょう。

そこで考えうるのは**高校専門科の学びを現代の産業構造に合わせて完全にアップデートした上で普通科を統合**し、地理的に離れた学校同士をオンラインでつないで学べる**「総合学科・単位制・通信通学併用制」による新しい「広域総合学科」という学校アライアンスを組成し、それを「未来の普通科」と呼ぶことです**。そんな「未来の教室」を思い描いて実証事業を始めました。

2020年度事業には北海道の旭川農業高校・倶知安農業高校、徳島県の徳島商業高校・吉野川高校、沖縄県の沖縄水産高校・真和志高校（福祉コース）が参画しました。

旭川農業高校の生徒たちのプロジェクトは、雑草がグングンと伸びる夏場の実習は除草作業が大変なので高性能の除草ロボットを作りたいというものでした。位置補正にライン・トレースを追加する、アタッチメントを左右に動かすことで除草効果を増す仕掛けを作るなど、様々な工夫をしてプロトタイプ作成まで漕ぎ着けました。農家の高齢化を意識して、

STEAM高校の事例報告 ➡

車いすで軟弱地盤や傾斜のある畑の中を安全に走行できるように、トラクターを参考にして電動車いすを作るプロジェクトもありました。タイヤとキャタピラを比較し、畑での転倒リスクを低減するためにキャタピラを応用しよう、地面を踏み固めずにすむようにしようという発想は、**「農業の当事者」の目線でロボティクスに取り組む農業高校ならでは**。

徳島商業高校の生徒たちは、**「日常生活」の困りごとにアプローチ**しました。外出先で突然雨に降られた時、「服が生乾き」になる、という日常生活の困りごとから、ハンガーに乾燥と消臭の機能をつけることをひたすら考えていました。濡れたシャツにドライヤーをかけると何秒で乾くか、熱に強い素材はやはりテフロンか、消臭剤を吹きかけることはできるか、シミュレーションし、実験し、計算しました。「自分、エンジニアっぽいかも」と呟いた彼女たちに、指導したエンジニアも「ほんとにそう思う」という感想を言っていたのが印象的でした。

沖縄水産高校の生徒たちが取り上げた「沿岸漁業のスマート漁業化」も素晴らしい着眼点のプロジェクトでした。潮流・塩分濃度など様々なデータもないため、沿岸漁業の現場は、ベテラン漁師の「勘と経験」で各船がそれぞれ鳥山や潮目を見つけて漁をする非効率な操業になっています。「水陸両用ドローン」は存在していますが、魚群探知機能がつい

広島県
実証レポート →

三重県
実証レポート →

ているものはないし、スマホやタブレットで確認できない。そこで魚群探知機能までついた水陸両用ドローンを作ってみようというものでした。これはもう、**「機械づくり」の視座を超えた「産業構造」そのものへのアプローチ**です。様々な分野の専門家たちとオンラインや対面で繰り返し話を聞き、対話をする中でこうなっていくわけです。

一方で「同一県内の高校をつなぐ」発想で、２つのプロジェクトが動いています。

平川理恵教育長率いる広島県教育委員会と若江真紀さん率いるキャリアリンクとも、県内で広島商業高校、庄原実業高校、そして普通科の廿日市高校をつないだSTEAM学習を進めるプログラムLife Tech Academyを進め、新たに工業高校も加わります。最初は「いつまでも簿記検定の合格者数が自慢の商業高校ではダメ、小さくていいからビジネスを作れる場にしよう」という平川教育長の強い思いから始まりました。そして**専門高校ごとの異なる知識体系をつなぎ合わせて「1つのシゴトを仕上げる」学習環境**が生まれつつあります。

三重県教育委員会と、福原正大さん率いるＩＧＳ（Institution for a Global Society）とも宇治山田商業高校や四日市工業高校と普通科の名張青峰高校を横断してMaaS（Mobility As A Service）やCASE（Connected, Automated, Sharing, Electric）といったキーワード

「STEAM高校 広域総合学科」をイメージした実証事業群（2020年度）

で、未来のモビリティ社会を実際にシミュレーションしながら考えるSTEAM学習を進めてきました。2021年度からは三重県内のすべての商業高校をつなぐまで発展を見せています。

これらの「広域総合学科」プロジェクトに電気も機械もＩＴも、土木も建築も、農業も漁業も、福祉も加わり、普通科的な数学や理科や社会の基礎的な学びが「ツール」として投入され、そこにホンモノのエンジニアたちがたくさんオンラインで参画してくれると、見違えるほど高校の学びが「豊かに深まる」状態が生まれそうです。**数学・理科・社会・国語といった「普通科的な」知識・技能にも**

「生命が宿る」のです。

旅する高校「みらいハイスクール」を構想する

さらに、この「STEAM高校〝広域総合学科〟」の構想が「徳島商業の生徒が1年間は沖縄水産で過ごす」「沖縄水産の生徒が旭川農業で半年過ごす」といった「〝旅する〟バージョン」に発展できたら面白くないでしょうか。

そこで「〝旅する〟バージョン」の実証事業を2021年から追加しました。相談した相手は、岩本悠さんが代表理事を務める一般財団法人地域・教育魅力化プラットフォーム(以下、プラットフォーム)。島根県立隠岐島前高校を軸にした地方創生事例「海士町の奇跡」で有名な「地域みらい留学」のマネジメント団体です。

高校生がまるまる3年間の国内留学をするのが「地域みらい留学」ですが、「旅する高校」みらいハイスクール構想は、大学ではよくある国際的なエクスチェンジ(1年や半年の留学と単位互換)やダブルディグリー(留学で両校の卒業資格を得る)を、**日本の全日制高校、広域通信制高校、中等教育学校・中高一貫校、海外日本人学校、さらには高等専門学校をつないだ学校アライアンスによって実現できないかという「大構想」**です。

どこの高校も学年制ではなく「単位制」を選び、学校間での単位互換も容易になり、さらに提携する広域通信制高校が提供する単位でもよいので効率よく取得して組み合わせ、全日制高校の卒業単位に認めてもらえたらいい。また「語学の心理的ハードルの低い」海外拠点として日本人学校と提携できたらいい。さらにハイレベルな研究に触れられる高等専門学校と高校での単位互換による交流ができたらいい。

構想は壮大ですが、まず2021年度は、次頁の図のようにプラットフォームと広域通信制の明蓬館高等学校が組んで「観光」をテーマにした探究学習のプログラムを作り、参加生徒は明蓬館高校の単位としてこれを取得し、所属校の単位として校長に認めてもらいます。「1単位でいいから、全日制と広域通信制が単位互換を認め、学習手段の組み合わせを豊かにした」という「制度上は可能だが、初の実績」を作ります。

ここから先はまだ「想像」です。都会の高校生が、豊かな探究素材を提供できる地方の高校に1年間留学し、農業や漁業や林業、観光やまちづくり、人口減少と高齢化が同時に進む社会の再デザインなど、真剣に探究できたら「人間の幅」も広がります。数学や理科などの普通教科は、留学先の高校での単位でも、広域通信制の提供するオンライン講座の単位で補完してもよいのです。これなら大学受験が気になる生徒でも、豊かな探究とフィー

「旅する高校」みらいハイスクール・アライアンスのイメージ
（一般財団法人地域・教育魅力科プラットフォーム作成資料に、著者加筆）

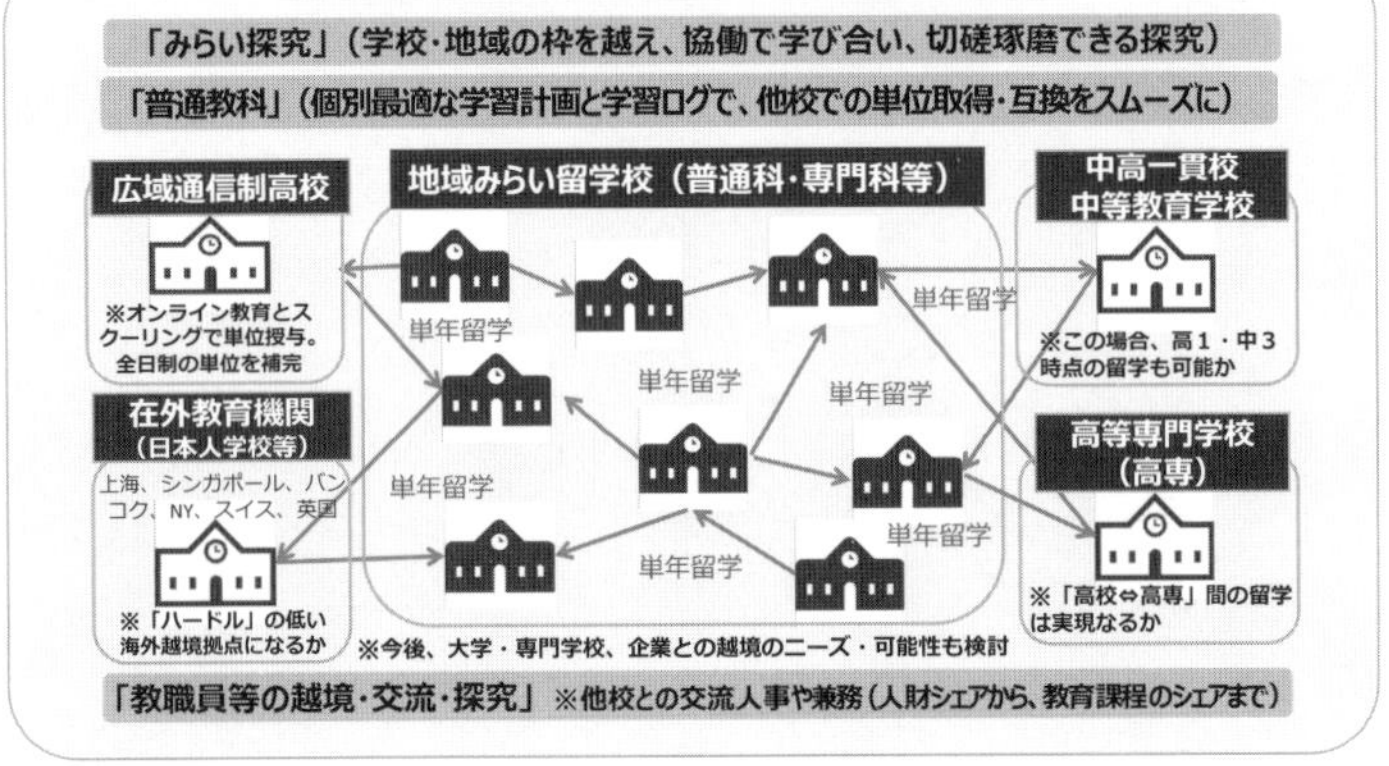

ルドワークを受験勉強と両立できます。多くの日本の大学入試は、「基礎を暗記して吐き出せば合格できる」性質のものです。スマホからカリスマ予備校講師の講義を視聴し、ＡＩ型教材を解いて、オンラインでいいので質問に答えてくれる先生がいれば、おそらく合格レベルにはたどり着けます。

私自身、２年間にシンガポール国立大学、清華大学、ジョンズホプキンス大学の３つの大学院を渡り歩く留学をして、アジア太平洋地域を無数にフィールドワークしました。当時はMOOCsもZoom授業もなく、バックパックに宿題を背負って現地調査に励みましたが、とても深い学習経験でした。人に出会いながら、本を読む「旅する学校」でした。

日本の高校でも「ネットとリアル」「全日制と通信制」「育った場所と行きたい場所」「教科と探究」は両立し難い概念でしたが、ここは「未来の教室」の基本構造に立ち返って「いいとこ取りの組み合わせ」の可能性を豊かにしてみたいのです。

これを見て**「高校の単位の切り売りをするのか」と思われるかもしれません。**しかしモノは言いようで、**「学習手段の選択肢が増える」と捉えてはいかがでしょうか。**生徒一人ひとりの「学習手段の選択肢」が増え、「組み合わせ」がしやすくなり、学習指導要領の求める力が一層身につけやすくなるなら、「ネット上で切り売りされる単位」のバリエーション豊かな方が「生徒のため」です。

そもそも「旅する高校」は校長判断によっていますぐ可能なプロジェクトです（だからこの実証事業が成立するのです）。しかしこの実証成果を全国に広げる意味でも「いいとこ取りの組み合わせ」での学び方を一層容易にする高校制度の提案を最終章で述べたいと思います。

対談

「旅する高校」をつくるには
「地域みらい留学」のその先

水谷智之 × 浅野大介

水谷智之氏プロフィール

1988年リクルート入社後一貫して人事、人材事業領域に携わり、2004年「リクナビ統括編集長」を経て、リクルートキャリア社初代代表取締役。退任後、一財）地域・教育魅力化プラットフォームを設立し、高校３年間の地域留学「地域みらい留学」事業をはじめ、全国の公立高校魅力化に従事。他に隠岐島前高校学校経営補佐官、海士町特別経営補佐官、社会人大学院大学「至善館」理事兼特任教授、㈱デジタルホールディングス取締役を兼職。

（2020年1月29日対談収録）

改革の遅れが課題になっている日本の高校教育。「未来の教室」実証事業でも多くの高校で新しい取り組みが実施されましたが、「中学の延長戦」のような高校生活ではなく、もっと社会や生活とつながる楽しく豊かな学びができるはずです。『「未来の教室」とEdTech研究会』の委員を務めた一般財団法人 地域・教育魅力化プラットフォーム会長の水谷智之氏と対談しました。

「旅する高校」をつくれないか？

浅野：水谷さんはこれまで、島根県隠岐郡海士町での隠岐島前高校の魅力化や、都会の生徒が地方の公立高校に留学する「地域みらい留学」（2021年現在、全国に78校展開）に尽力されてきました。僕はすごく価値ある取り組みだと思っているのですが、各地の文化的資源とEdTechにより高校が変わる可能性を感じられますか？

水谷：そうですね。これからの時代は、1つの地域や、1つの学校に縛られず、学びの機会が外とつながります。たとえば地域みらい留学だと、学校の中の部活に入るんじゃなくて、地域未来部という部活をつくって、それぞれの地域の中で社会づくりに挑戦する生徒たちを全国でつないで互いに切磋琢磨するとか。地方の高校は人材や予算、生徒が減っていくから、自分たちだけで学校経営をしようと思っても限界がある。そのときに、EdTechがあると外の資源が使えるんだよね。小さい学校になると、自分と同じ興味を持つ仲間もいないけど、いまなら学校の外でつながることもできるしね。

浅野：EdTech活用も込みで考えるという意味で先行しているのは広域通信制のN高等学校ですよね。基礎知識はオンラインで学んで、都会の生徒が地方社会の現場にどんどん探究に出かけて行ったり、プログラミングなどの部活をネット上で全国の生徒とつながって行ったりとか。ネットとリアルの上手な掛け合わせがあります。

水谷：そうだね。ただ地域みらい留学が目指すのは、ちょっと違っていて。取り組みとしては生徒募集から始めたけど、本当は「都会じゃなくて地方の高校に入りました」ってだけじゃなく、たとえば2年生の1学期はシンガポール留学、2学期は正反対のブータン、3学期は東京の私立高校に留学みたいな感じで、1つの進学先からどこへでも飛んで行けるような学びや、短期交換留学とか、そういう世界に持っていきたいんだよね。

浅野：私もそれが理想だと思います。水谷さんたちの地域みらい留学が1年単位や半年単位で移動をして学べる「旅する高校」に変貌するには何が必要か、いつも考えちゃいます。でも、地域みらい留学のネットワークに参加する高校って全国に散らばっているじゃないですか。学校の校長先生や教員の方によって取り組みも違うので全体のマネジメントは大変そうですよね。

水谷：県の教育委員会も子どもの成長に効果があると理解すれば、ノーとは言わないよ。こういう交換留学は、生徒も伸びるし、高校や県教委が何かを捨てなくてもできるから、公教育に風穴が開きやすいんだよ。ただ、そのときに必要になるのが、その子がどういう生徒なのかがわかる履歴の交換…。だからEdTechはすごい大事で、校種や学校を越えて連携できる学習履歴もEdTechだったら可能だし、そこには期待してる。

浅野：あとは、地域みらい留学に参加している学校は、学校設置科目として、探究の時間をもっと確保できないんですか。そうするとその地域・その学校ならではの特色を出していく意味で参加校は頑張らなきゃいけない。正直な話、高校って学校設置科目でいろんな授業がつくれるはずなんですよ。

水谷：もちろん、それが理想だけど県教委も絡むので一律には難しい。だから、頑張ってくれた高校にご褒美を渡して、〝うちもやらなきゃ〟っていう力学を生むことがプラットフォームとしての役割かな。ただね、1つ考えているのは、子どもたちをワクワクさせてくれる面白い外部講師を確保して、地域みらい留学を受け入れている学校に派遣したいと思ってる。学校を変える手段として、新しい教員像を見せていく方が早いなと思ってるんだよね。

「総合学科・単位制・通学通信併用制」を日本の高校のスタンダードにできないか

浅野：いまの地域みらい留学に参加している高校って普通科が多いですよね。専門科がもっと入ってくると格段に面白くなる気がするんです。各地方ごとの独自色のある漁業や農業や林業とテクノロジー、つまり「職人技の土着性」と「テクノロジーの普遍性」のせめぎあいに当事者として悩めたら面白いはずで。

水谷：そのとおり。普通科が中心で始めたけど、いまは専門高校も入り始めてる。だって専門高校の方がオープンじゃない？ たとえば水産高校なんて、全国から生徒が集まって、みんなで漁業に出たりするわけ。だから「県外生徒募集」なんて普通のことだし。

浅野：高校時代に一度、いくつかの専門分野に触れるのがよいと思うんですよ。大学入試では学部を選ぶわけですが、高校時代にメジャー（専門）をいくつか選んでみないと見当もつかないです。イメージだけで学部を選ぶから大失敗したりするわけですよね。高校時代に選んだ「専門」をずっとやり続ける必要なんてまったくないわけです。いくつか専門を持って高校で学ぶ経験をして身につけた「学び方」はほかのどんな学問分野にも応用可能なものですから、その後の人生でもプラスにしかならない。親に言われて「なんとなく普通科」で普通科に入っちゃった子たちでも農業科や工業科とか情報科で提供できる専門科の学びを経験する機会をつくりたいんですよね。もちろん、産業構造の変化に全く追いつけていない「専門科の学び」も大変革が前提ですが。

水谷：たとえば農業高校っていうと、多くの人の感じるイメージは、まだ「土いじり」の印象でしょ。ところが面白いことに、大学4年生女子の就職したい会社の1位は食品会社なのね。このギャップはなんなんだって。農業高校ってもともとは生産に特化していたけど、これからは流通マーケティング、ブランディング、飲食店の経営まで学ぶ。そうすると名前は農業高校じゃなくて「食文化高校」になる。そうなると印象も全然違うよね。

浅野：ですよね。あと農業科って、地域の特性が出るじゃないですか。その土地の文化とか。だから日本中世界中の食文化に触れて、一方で徹底的に科学して、ビジネスモデルを考えながら、旅して学ぼうとか、やれたら最高ですよね。

水谷：そうそう。さっき言った農業高校あらため「食文化高校」構想として、作物の生産から店でお客さんに料理を出すまでの全工程を学ぶ学習なんかもいいよね。その中には農業の害虫対策や、製品化のロボット、マーケティングや小売りもあって、最後にブランドになるっていう、一連の流れが学べる授業だったらいいわけ。だけど、いまの状況って1校の中でそれを全部やれるだけのリソースはない。でもEdTechがあると、生産はこの教材使って、ロボットはこの専門家とつないで…というような授業ができる。そうすると人生の縮図体験、もしくはその中で一番自分が燃えるものとか、興味を持つものとかに出会えるよね。

浅野：そうなんですよ。農業高校だからって「生産」だけではなく、やはりバリューチェーン全体を考えて、小さくてもいいから経営者になる訓練をしてあげないと。沖縄県の八重山農林高校の○

Bの方がご自身で経営されている焼肉屋さんや牛肉輸出ビジネスで後輩たちをインターンさせてました。稼ぎ方を知る機会がもっと必要ですね。

そうやって勉強していくと、数学も、英語も、地理も、生徒たちにとって意味を持ってきますよね。日本中の専門科や普通科の高校がアライアンスを組んで「旅する高校」になって、普通教科である英語や数学や理科もEdTechで効率的に学びながら「その土地でしかできない探究学習」の旅をしながら学ぶのはどうでしょう。普通教科って、どこの高校でも教科書がベースなんですから EdTechで十分学べます。大学に行きたいなら、正直な話、スタディサプリとか使えば、いまの大学入試問題ならどこでも入れませんか？　スマホで講義動画を見て普通教科は勉強して、全国各地の様々な食文化を、独特な漁法や、地域の独特な在来種の栽培方法まで掘り起こして、科学と合わせて学んだりできたらいいなと。

水谷：プロセス全部を学ぶとなると、農業と工業が絡んだり、水産と商業が絡んだり、専門科の領域も重なるでしょ。だから専門科の中で、農業、工業、商業、情報、４つ合わせてコースをつくるみたいなことができるかもね。

浅野：まったくそのとおりです、でも、せっかく「総合学科」という枠組みがあるのに、なんだか最近は学校統廃合のツールみたいにされていま す。この国の高校のスタンダードを「総合学科・単位制」、そして通信制と通学制の別を廃した「通学・通信併用制」に変えるべきだと思います。大学に近づけるんです。そもそも産業構造が変わりすぎて、農・商・工なんて単一の専門科での職業教育なんてありえません。だから専門科を総合学科に転換する必要があるのはもちろんですが、もっとまずいのは「普通科」。現状は「2周目の中学校」でしかない高校普通科を、ぜひ「最終学歴の場」にふさわしい「総合学科」にすべて変身していただくべきじゃないでしょうか。専門科の学習プログラムを抜本的にパワーアップして、普通科と再編して大学の学びに近づけられたら高校はがらっと変わりますよ。そしてそれが高校入試に反映されると中学もつられて変わります。でも、「普通科信仰」の親御さんに「普通科行け」と言われてなんとく普通科に行った子たちも単位互換のかたちで学べればよいですね。

水谷：うん、結局、子どもたちは「大人のつくった枠組みの中で考えてなさい」って言われてるのと同じなんだよね。「農業高校だから、地元で採れる作物の生産を考えなさい」という話だから。そうじゃないんだよね。ワクワクするっていうのは「際限がないこと」にワクワクするんだから。

浅野：僕は、いつも水谷さんの高校改革論を、どこまで広げていけるかって考えていて。ずっと思っていたのは、専門科と普通科の単位交換とか、学校間単位交換がもっとスムーズに、当たり前にできたらいいなと。だから最低限、全部の学校を単位制にしたらって思ってます。さらに、通信制と通学制の区分をやめてほしい。高校をすべて「総合学科・単位制」に、そして「通学制・通信併用制」にするにはどうしたらいいか。「選べて、組み合わせ自在」、つまり「いいとこ取り」ができる学校教育こそが「未来の教室」の目指すべき構造だと思うんです。

水谷：私がね、普通科高校の改革にここまでこだわってきたのは、普通科があまりにも遅れすぎていて、普通科ってなんだ？　と私自身が思っているからなの。いま、日本のスタンダードの普通な高校で、普通じゃない3年間が送れるようにして、そこに人が集まるという象徴的なシーンをつくらないと、モノが動き出さないからやってきたんだけどね。でも普通科高校を変えることは、結局、教員を変えることと同じなので、なかなか変わらないんですよ。

浅野：インパクトプレーヤーが必要なんですよ。インパクトを与えるのは、「アップデートされた専門科」しかない気がするんですよ。普通科と「アップデートされた専門科」がミックスしないと普通科は変わらないと思いますね。

水谷：そうなんだよ。逆に言うと、普通科と同じプロジェクトを、農業高校や商業高校でやって、こっちのほうが実際の評価を受けていて、優秀な生徒が普通科じゃなくて専門科に行き始めたみたいな流れもいい。でもね、1つ言いたいのは、日本の教育ってどんなに民間人校長が素晴らしい高校にしても、その校長がいなくなると元に戻るし、素晴らしい取り組みも隣の高校にはまったく伝播していかない。つまり、特別な校長やモデル校をつくるだけでは、公教育に風穴が開かないんだよ。たとえ中の人が変わっても、これは続けた方がいいよねっていうものを埋め込んでいかないと、変わらないんだよね、公教育は。

浅野：変わらないんですよね。

水谷：そう。だから県教委の枠を超えることと、校長が変わっても、これは続けたいと思うものを埋め込まないとだめ。それで、この2つの条件を満たしていて、一番影響力が大きいのは優秀な県外の生徒を募集すること。これは校長が変わろうが、県教委がなんと言おうが、自校でできて学校を変えていく一歩目の自信につながっていく。これやらないと損だよねというふうに、横の連携で。モデル校だけではダメなんだよね。連携のモデルをつくっていかなきゃいけない。

浅野：だからやっぱり「旅する高校」を実現する学校アライアンスをつくらないと、ですね。

エシカルハッカー発掘・
育成プロジェクト報告

エシカル・ハッカーを探せ：「ゲーム好き」を「正義のハッカー」に

「ゲーマーは、サイバーセキュリティに必要なスキルを備えているか」

セキュリティベンダーであるアメリカのマカフィー社が２０１８年4月に公表した調査結果によれば、７カ国（アメリカ、イギリス、ドイツ、フランス、日本、オーストラリア、シンガポール）のサイバーセキュリティ専門家約１０００人にこの問いを当てたところ、その92％が「備えている」と答えたそうです。

悪意を持ってサイバー攻撃をしてくるクラッカーに対抗して、企業や行政の情報システムの脆弱ポイントを事前に見つけて塞いでしまう仕事の重要性、それを行ってくれるエシカル・ハッカー（正義のハッカー）の育成の重要性が増しています。しかし、経済産業省の調査では日本で19万人のサイバーセキュリティ人材が不足しています。

そんな中、企業サイトやＩｏＴ家電等のセキュリティ対策のサービスを提供する株式会社デジタルハーツが、「学びのSTEAM化」をテーマにした「未来の教室」実証事業のひとつとして、２０２０年度から広域通信制の明蓬館高校や鹿島朝日高校を実証校に、エシカル・ハッカー発掘・育成プロジェクトを始めました。2021年度からはクラーク記念国際高校やルネサンス高校、愛知県立豊田工科高校にも広げています。

2020年の実証は「90分×3日間」の簡単なものでした。1日目にはサイバーセキュリティ業務への理解と関心を高めるために、実在のエシカル・ハッカーを理解する授業を受けました。そこでは、エシカル・ハッカーが自分の人生の年表をもとに、いじめに遭った経験や引きこもった経験も経てゲームテスターの仕事に出会い、浮上してきた自分の人生を振り返る一幕もありました。**「自分と同じ境遇にいた人」がいまこうなっている、**というイメージを持てたことにも意義があったようです。2日目には「ショッピングサイトの脆弱性診断」という仕事の流れを理解し、3日目には実際にクライアントからの依頼に基づいてショッピングサイトの脆弱性を発見するミッションに挑戦する流れでした。

この3日目の受講者の様子をプロが見て、**戦力になりそうだと判断できる生徒さんが実に3分の1**はいたとのこと。やはり「ゲーマー」と「サイバーセキュリティ人材」の相性のよさを感じる成果はあったようです。毎日部屋に引きこもってゲームばかりしている息子さんが、ある日興奮した様子でサイバーセキュリティの話を始めたという保護者の方の驚きの声もあったため、明蓬館高校では2021年4月よりCONEC（コーダーズ・ニュー

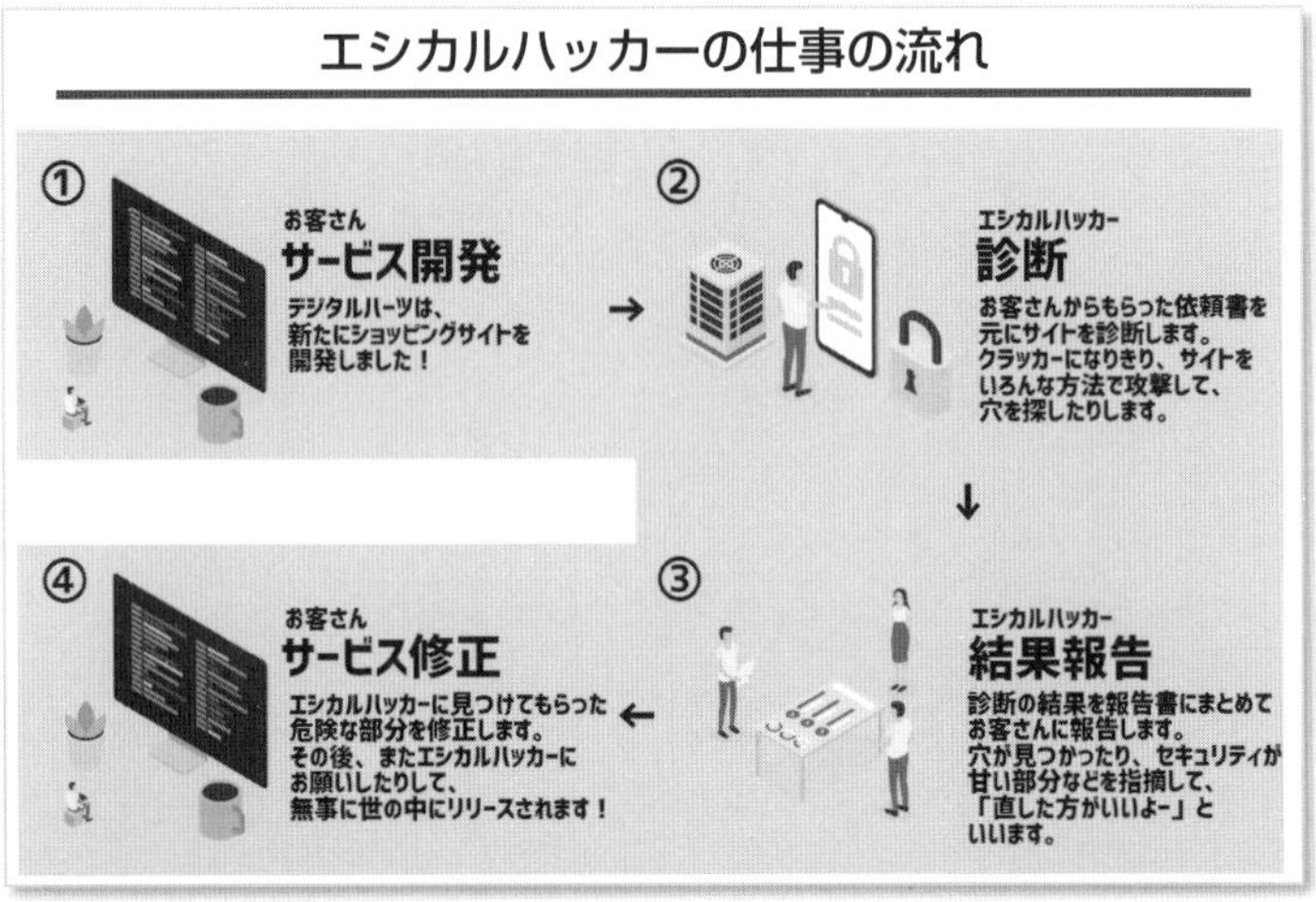

「ショッピングサイトの脆弱性診断」の仕事の流れ（顧客企業からの依頼→脆弱性診断の結果報告→顧客サイトのサービス修正まで）を理解してから実践に取り組む。

経済産業省「未来の教室」実証事業報告書をもとに、筆写加工。

Day3:「ショッピング・サイトの脆弱性」を診断・報告する演習

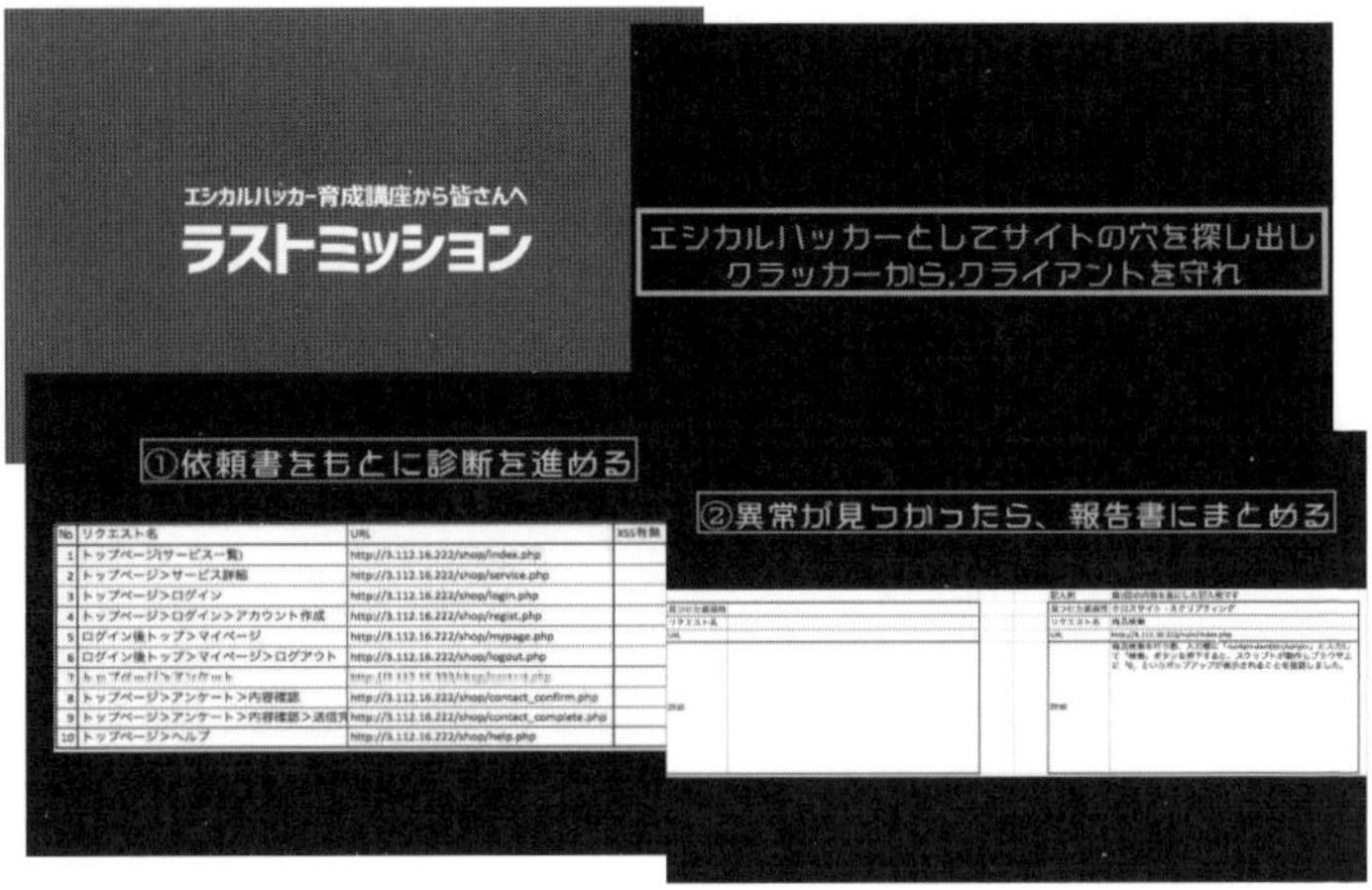

ロハックセンター）を開設し、発達に特性があり、ゲーム依存傾向にある生徒が心理的なケアを受けながら、プログラミングを中心にサイバーセキュリティ等、就労につながるスキルを学ぶ専門の学習センターも設置しました。

文部科学省の調査によれば、通信制高校の生徒の37％は進路未決定のまま卒業しており（全日制の場合は４・８％）、このサポートは重要な課題です。職業マッチングの不調がいわゆる「ひきこもり」状態を誘発するリスクもある中、「自分はサイバー空間で価値を生み出せるかもしれない」という自己効力感を感じながら、シゴトに直結する学習を深めていく。そんな、**第２章でも述べた「学びとシゴトと福祉のピラミッド」と「学びとシゴトの往還」のある学習環境に育っていく手応えを感じます。**

実証事業２年目の２０２１年度実証では、現役のエシカル・ハッカーによるキャリア講演、サイバーセキュリティの実践的なマインド・スキル習得を目的にしたワークショップ型講義、ゲーム形式の講義、インターンシップによる就労経験を組み合わせた授業を行っています。オンラインコミュニティを通じた現役のエシカル・ハッカーとの交流を通じて「正義の味方」としての倫理観や連帯感の醸成が、オンラインでどの程度達成可能かについても検証を進めています。

STEAMかけっこの
事例報告 ➡

体育に「数学と理科」を掛け合わせるSTEAM

「0・1秒速く走るための理論を学ぶ」ことも立派な「学びのSTEAM化」のテーマです。スポーツに必要なデータ分析や戦略構築、コンディショニングを通じて数学・理科などの資質・能力を自然と手に入れる「未来の教室」実証事業も行いました。

普通の小中学校の現場でｉＰａｄを使って短距離走の様子を撮影し、理想的な身体の動かし方との違いを比較しながら自分の走り方を矯正していけるように、株式会社STEAM Sports Laboratoryが左の図にあるようにスポーツにおける「動作解析」「身体づくり」「データ解析」などのオンライン教材にし、経済産業省のSTEAMライブラリーの上で無償公開しています。（左の図中のＱＲコードからご覧ください）。

子どもたちからは「**体育と算数と理科がつながった**」「**いままで何も考えずに走っていたけど、考えたら、速く走れた**」という声が聞けました。この実証事業をデザインした中島さち子さんと山羽教文さんも「スポーツは科学。分析を通じて自分に向き合う機会になる。学校体育とデータとサイエンスは一体であってほしいですね」とおっしゃいます。

野球でも、ピッチングをする身体のどこが「力点」で、どこが「支点」で、どこが「作

「STEAM×スポーツ」の教材コンテンツの例
（制作：STEAM Sports Laboratory／経済産業省「STEAMライブラリー」で公開中）

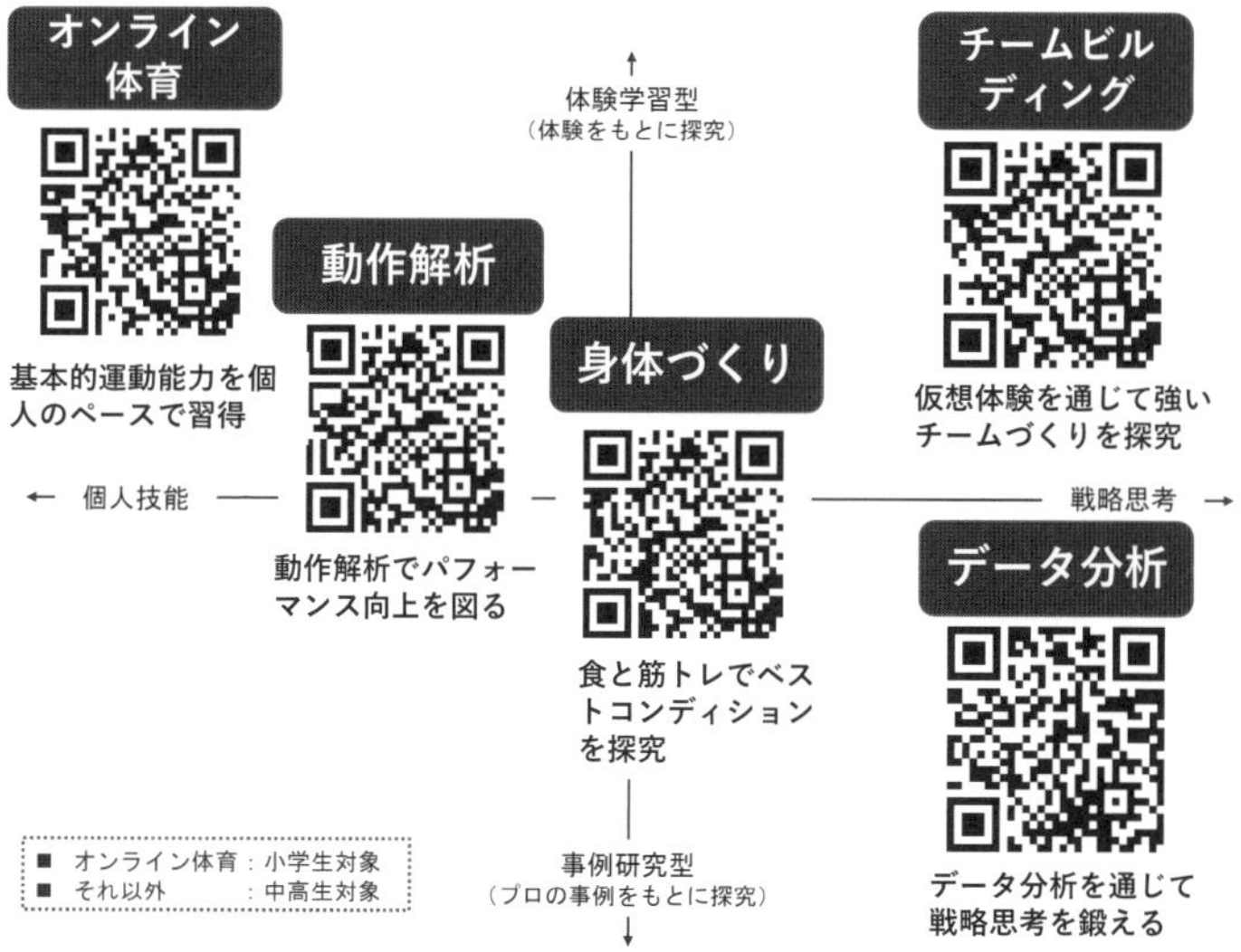

用点」なのか。この物理をしっかり理解して、どうやって身体をテコのように働かしてボールに力を与えるかを考えることで、非科学的なトレーニングで身体を壊すこともなく結果を出せるようになります。たとえば、**体育と理科と数学の先生たちでそれぞれの授業時間を組み合わせた「トレーニングの科学」**のコマを学校独自につくってはどうでしょう。

タグラグビーやバスケットボールとSTEAM

その教材として、小中学校の体育の種目のタグラグビーとバス

STEAMスポーツの
事例報告

ケットボールでも「STEAMスポーツ」のプログラムを作り、STEAMライブラリーで公開中です。「タグラグビー」は5人対5人で行うタックルなしのラグビーです。ラグビーは横一列に並ぶ敵のディフェンス網を左右に揺さぶり、「敵チームN人に対して、自チーム（N＋1）人」の数的優位をつくってパスを回し、敵ゴール内にボールを置くと得点です（トライ）。ラグビーは「俯瞰する視点」が必要な「算数のスポーツ」なので、「算数」と「体育」の時間を合科し、そこにプログラミングの授業を入れました。あらかじめプログラム化された白チーム（敵軍）のディフェンスに対して、黒チーム（自軍）はどんなコースでアタックを仕掛け、どんな長さのパスを回すとトライできるか、ラグビーの裏の数理をシミュレーションでつかみます。そのイメージをもって実技に移り、またシミュレーション、また実技、を繰り返しました。静岡県袋井市立浅羽北小学校で行った実証事業では、このシミュレーションを行う前後で、子どもたちのパフォーマンスが激変しました。**「俯瞰する視点」で動きが劇的に変わった**わけです。

このプログラムは中学・高校の部活動改革にも活用しました。長野県長野市立長野高校のバスケットボール部に「STEAMバスケットボール」を導入してみました。生徒たちが過去データを使い、現状分析・課題発見・戦略立案を行うワークショップを開催し、監督

タグラグビーの数理（プログラミングと実践）

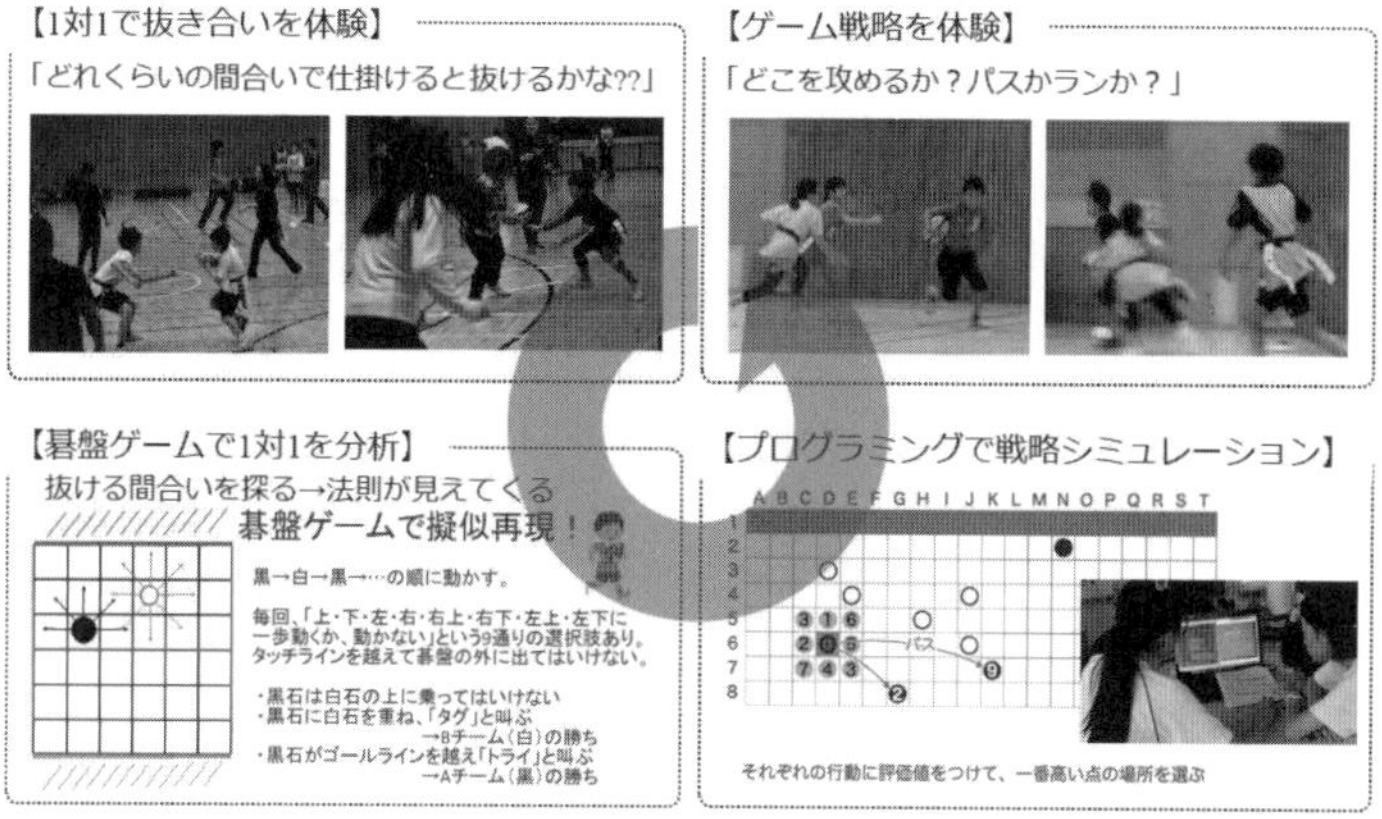
【1対1で抜き合いを体験】

「どれくらいの間合いで仕掛けると抜けるかな??」

【ゲーム戦略を体験】

「どこを攻めるか？パスかランか？」

【碁盤ゲームで1対1を分析】

抜ける間合いを探る→法則が見えてくる
碁盤ゲームで擬似再現！

黒→白→黒→…の順に動かす。

毎回、「上・下・左・右・右上・右下・左上・左下に一歩動くか、動かない」という9通りの選択肢あり。

タッチラインを越えて碁盤の外に出てはいけない。
・黒石は白石の上に乗ってはいけない
・黒石に白石を重ね、「タグ」と叫ぶ
→Bチーム（白）の勝ち
・黒石がゴールラインを越え「トライ」と叫ぶ
→Aチーム（黒）の勝ち
【プログラミングで戦略シミュレーション】
A B C D E F G H I J K L M N O P Q R S T
パス
それぞれの行動に評価値をつけて、一番高い点の場所を選ぶ

（株）STEAM Sports Laboratory、（株）steAm 提供

の指示ではなく主体的・科学的に試合中の課題解決に取り組んだのです。

実在のプロチームの戦略を「映像と数値」で観察すると、試合中の作戦の変更が成功だったか失敗だったかもある程度は考察できます。そこから今度は自分のチームのシュートエリアごとのシュート成功率を把握し、得点期待値を勘案し、作戦も考えるようになっていきました。試合で体感してきたことがデータ分析で確信に変わるのです。

生徒からは「オフェンスリバウンドと得点率、失点率を整理して、オフェンスとディフェンスの修正に活かしたい」「探究学習として面白い」というコメントも残されました。

部活DXの事例報告

「部活」を「学び」に変えるBUKATOOL（ブカツール）

「未来の教室」では、部活のSTEAM化を狙い、立教大学ラグビー部の監督を務められた川崎大さんたちが生み出したBUKATOOL（ブカツール）事業化も、実証実験として採択しました。このアプリ開発は住友商事株式会社の社内ベンチャー事業として始まり、いまは川崎さんが起業したFirst Penguin社が開発・販売をしています。

「デジタルコーチ」機能としては、ラグビーのコベルコ神戸スティーラーズ所属の選手たちの実演による基礎スキル解説動画教材が充実しています。スクラムやブレイクダウン（密集）などのフェーズごとに必要なスキルと考え方を解説します。これを見れば、選手や顧問が自力で質の高いトレーニングプログラムをつくることも可能です。

「マネジメント支援」機能としては、スケジューラー機能とコミュニティ形成機能が軸になっており、トレーニング計画の策定と、外部コーチからのアドバイス、チャット機能によって計画を遂行しながらチーム内の活動を磨き上げていく機能があります。「エンタテインメント」機能としてスポーツ用品や栄養食品等の割引購入サイト機能のほか、ＯＢ会や父母会などの支援コミュニティに向けた試合動画の公開などの機能も搭載しています。

BUKATOOL（ブカツール）の画面

中高生の自律的な部活動運営の助けになる「デジタルコーチ」「マネジメント」、そしてOBなどのエンゲージメントにも使える「エンタテインメント」の３つの機能を提供する。ラグビーのほか野球など他競技に展開。スポーツのためのEdTech。

学校部活動は、今後は必ずしも学校が担うものではなくなり、地域スポーツクラブへと移行していくことになるでしょう。スポーツのパフォーマンスを上げていく日々の努力にこうしたEdTechの活用が加わることにより、**自己管理・リーダーシップ・マネジメントのスキル**を磨く機会が全国に広がってほしいです。

ルール・メイキング：「校則改革」というSTEAM

学校でできる究極のSTEAM学習が、「校則改革」に代表される「学習環境デザイン」です。A（法・倫理・デザイン）やSTEM（心理、建築、情報システム）の知識を総動員するほか、そもそも生徒

ルールメイキング
の事例報告

の「当事者意識」が桁違いに刺激されます。

「自分の所属する組織や環境を、自分たちでデザインしつづける」

「ルールを、その要否も含めて論理的に議論をしつづけ、変えつづける」

「自分にとっての自由を、他者にとっての自由と調整して、納得解を得る」

この3本柱は、よい社会をつくる上でも、自分の身を守る上でも重要な基礎力です。

しかし、**日本の学校教育を経験した私たちには「ルールは与えられるもの、従うべきもの」という常識が染み込んでいます。**話題の「ブラック校則」の数々も、その倫理的な問題以上に重い弊害を社会にもたらしています。それは生徒たちが「このルールは目的に照らして妥当なのか」「法律でもない規則をなぜ守らされるのか」「憲法と法律と校則の関係は」などを根本的に考えることなく、ただ「集団生活とはこういうものだ」と教え込まれて当事者意識を失ったまま社会に送り出していることです。

もし学校が、子どものうちから「ルール形成能力」を育成する場に変貌してくれれば、それがもたらす中長期的な社会的インパクトはかなり大きいはずなのです。そこで、「廃止・規制緩和・現状維持・規制強化」のいずれの結論でもよいので、生徒たちが「ルール形成」のプロセスを経験するSTEAM学習プログラムをつくり、広げることにしました。今村久美さん率いる認定ＮＰＯ法人カタリバに委託して実現した「みんなのルールメイキング」プロジェクトは、いまや多数の学校同士がネットでつながり、先生以外の相談相手になる外部の大人（会社員や起業家、哲学者、弁護士、役人等）ともネットでつながって活動を進めています。そもそも岩手県立大槌高校とカタリバが始めた校則改革事例が、経済産業省と組んで大きなプロジェクトに発展しました。

そもそも話の始まりの岩手県立大槌高校では、「やんちゃ」な生徒も多かった時代の名残で厳しい校則が残っていました。そこで生徒から**「整容指導」**（生徒を体育館で横一列に並べて行う、髪型や眉毛の形状、靴下の色、スカートの巻き具合などの定期検査）を廃止し、髪型のツーブロックもＯＫにしたい、という議論が出てきました。

傑作は、ツーブロック禁止令の廃止に向けた議論でした。先生たちは「オシャレを意識していて勉学に励まなくなる」「**ツーブロックの生徒は印象が悪くて就職活動で落とされる**」と考えていました。これに対して生徒たちは「それは本当か」と地元企業にヒアリングをかけて回ったわけです。地元企業からは「まったく気にしていない」との回答。保護者に聞いても「生え際がスッキリしていいし、散髪代も浮く」との声。

つまり**生徒の実証で「先生の仮説」は棄却され、この校則は合理性を失いました。**論理

校則の改廃を題材にしたルールメイキングのプロセス
（安田女子中学高等学校の初年度の例）

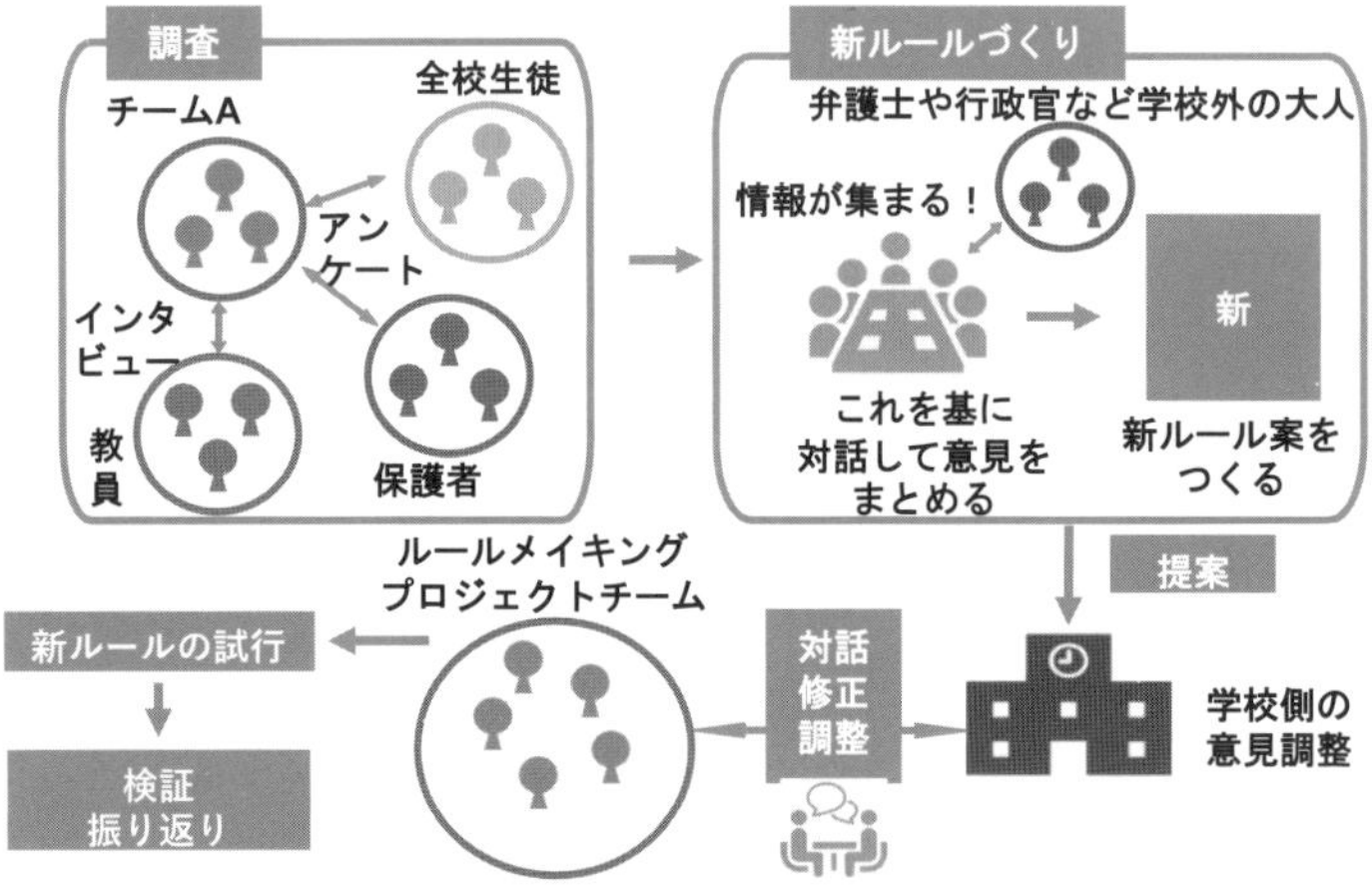

「GIGAスクールの時代」ならではのオンライン協働の風景

（右）モデル校を繋いでお互いの「論点」を共有する議論（岩手県立大槌高校・安田女子中学高等学校）（左）法や制度に詳しい弁護士・行政マン・研究者にもアドバイスを気楽にもらえる。

（いずれも認定NPO法人カタリバ作成資料より）

「ツーブロック解禁」賛成・反対をめぐる見解（大槌高校の生徒調べ）

	生徒	教職員	保護者	企業
賛成	・そこまで派手だと思わないから。 ・ツーブロの人を見ていても別に悪い印象を持たないから	ある程度ならば、いわゆる「奇抜」ではない範囲である。	・生え際がすっきりして良いと思う。次のカットまで間隔も開くので経済的。 ・義務教育でないからある程度自由でも良いと思う。髪型ぐらい自由でいいのでは。	**・役場庁舎内でもツーブロックには抵抗はない。（町役場）** **・どちらでもない。しかし、変でもないし、ツーブロックは何も気にならない。（釜石市ホテル）**
反対	・面接のときにしてはいけない髪は普段からするべきではない	**・清潔・さわやかさよりも明らかにオシャレを意識し、勉学に励む準備ができていない。** **・就職先の企業が認めていないのであれば、学校でも認めないことにしないと就職に影響が出る。**		

（岩手県立大槌高校・認定NPO法人カタリバ作成）

的で「学校らしい」学習経験だと思います。

　校則の監視役を務める先生たちだって「地域の目を気にして」「生徒のためによかれと思って」規制を執行している場合が多いわけです。**生徒とともに「空気を破る科学の視点」で校則を考え直し、無駄な監視コストを減らせるなら皆ハッピーです。**有志の生徒と教員で構成される「校則検討委員会」では、整容検査とツーブロック禁止令を廃止。ほかにも下校時のジャージ着用許可など規制緩和を次々に実現しました。

　もう1つ紹介したい事例である安田女子中高等学校は、地元でも「校則が厳しくて有名」な名門校でしたが、学校主導で改革が始まりました。先生たちは生徒の主体性を引き出す目的意識をもって協力をしていきました。

生徒たちによる改正要望のうち初年度の大きな柱は3つ、「①携帯端末の持ち込み規制の緩和、②保護者同伴が必要な外出先規制の緩和、③放課後の立ち寄り先規制の緩和」でした。約20名の有志「ルールメイキング委員会」の生徒たちは、他の生徒やOB・OG、保護者や教師からの意識調査をきっちり行い、ネット上で他の高校や中学校と意見交換をし、法・ルールとは何ぞやを、ボランティア参加した弁護士や私たち行政官と議論しながら学んでいきました。

ある生徒さんは、「最初は、全部廃止したいと思っていました」と言います。しかし、議論をしているうちに「**どんなルールにも必ず理由がある**」ことを知り、「政治的な落とし所」を探りにいきました。現役生徒、教職員、保護者、卒業生、地域社会の目といった「ステイクホルダー」に対し、中高生なりに「政治」をしたわけです。もっと思い切った秩序破壊を仕掛けにいく生徒が出現しても面白いですが、そこは個々の学校文化によるでしょう。

ただ、「他にもやめたいルールとか、変えたい環境とかないの?」と水を向けると彼女たちは「髪型!」と答えてきました。この学校では最近まで「三つ編み」が伝統のルールだったそうですが、創業家出身の校長補佐である安田馨先生によると、「そもそもなんで三つ編みなの？　創立当時の先端ファッションだったの？」「身嗜みが目的なら、一つ編みでも二つ編みでもよいのでは？」という議論が学校法人側で行われ、数年前に「長い髪は結ぶ」まで規制緩和されたそうなのです。学校側が「三つ編み」を「表象」で捉えず、その目的・意義にまで「抽象化」して考えたことは生徒にもよい影響を与えたはずです。**大事なのは「三つ編みを一つ編みに変えること」ではなく、「身嗜みを整えること」だという抽象化思考**です。生徒たちは「私たちも年ごろですから」とニコニコしてましたから、次は髪型ルールをどう料理するか考えているかもしれません。

この「みんなのルールメイキング」は、２０２１年度から広がりをもち始めました。モデル校３校が12校に、加えて教育委員会単位で参画する県（広島県・福井県）も出てきました。目標は、２０２２年度には１００校、２０２３年度に全中高の13％にあたる２６０0校の参加を得て、いわゆる「キャズム」（一定の数を超えると爆発的に広がるその臨界点）を超えてやろうという目標を持っています。校則を含む学習環境改善を生徒と先生が協力して見直し続け、それがＧＩＧＡスクール構想による環境整備を活かして学校横断で行われるようになるのが目標です。日本が成熟した市民社会に向かうためのシティズンシップ

STEAMライブラリー ➡

教育として日本に根づかせていきたいところです。

経済産業省「STEAMライブラリー」の公開

経済産業省では、２０２０年度から開発を始めたSTEAMライブラリーの暫定版（バージョン１）を、２０２１年３月から公開しています。**高校で総合探究や理数探究や公共など、新しい学習指導要領での授業が始まる２０２２年の春までの完成**を目指しています。**中学生や小学生の総合学習の授業や各教科の授業**でも、先生のアレンジで活用いただくことは十分可能です。

「未来の教室」に欠かせない、**「ホンモノの課題」**を、参考として簡単な授業プランもつけてご提案するライブラリーです。

学校の教師や民間教育サービスの講師、企業のエンジニア、大学等の研究者等に協力していただいて、様々なテーマを題材にしたSTEAM学習プログラムの開発と、そのデジタルコンテンツ化を産学官連携で進めています。今後、同じコンテンツを用いて学ぶ子どもたちが学校間の壁を越えて協働的に学習したり、コンテンツの改良にも参画したりできるオンラインの学習コミュニティに成長させたいのです。

最先端研究を通じたSTEAM探究

（制作）ブリタニカ・ジャパン株式会社
×東京大学生産技術研究所、産業技術総合研究所、
NEDO、筑波大学附属中学校

【コンテンツ詳細例】
ベジミート - 植物肉の可能性－
（制作）ブリタニカ・ジャパン株式会社
×筑波大学附属中学校

理科、家庭科、歴史、政治経済など教科を結びつけて、植物肉市場の現状と今後を考える。

コマ例①

ベジミート：なぜ植物肉が求められているのか
- 植物を中心とした食事と代替肉（特に植物肉）の急速な普及について分析する。確立された一連の基準を用いて、植物肉のサンプルを評価する。植物肉を提供するレストランを成功させるための初期計画を作成する

コマ例②

ベジミート：環境と経済への影響
- 植物肉産業について詳しく調べ、植物肉を作るプロセスと、現在使用されている植物肉の生産技術、また今後期待される生産技術を特定し、説明する。様々な生産方法を評価する。

コマ例③

ベジミート：肉を使わないビジネスのアイデア
- 植物肉を提供するレストランの開業にあたって、考慮すべき社会面・環境面の主な要因を見つけ出す。事業計画を作成する際に、各ステークホルダー（利害関係者）の立場を考慮することの大切さを検討する。レストラン開業における障害を乗り越えるための方法を考える。

2020年度「STEAMライブラリー」開発コンテンツの例

このライブラリーは、探究の教材パッケージではありません。あくまで、**探究のきっかけづくりをする「入口」**です。

２０２１年3月に暫定版を公開して以降、まずはGoogle、Microsoft、Apple、Adobe、ロイロノートなどの認定ティーチャーのコミュニティに所属する学校の先生たちと連携して、STEAMライブラリーの改良に向けた意見出しや、授業実践の共有も進めていただいています。

こうした先生方のクリエイティブな発想にはいつも感心させられます。このような教育のオープンイノベーションがオンライン上で広がっていく姿が一般的になっていく気がしています。

日本の大学入試改革は頓挫しています。探究の力を問う形式の競争的な入学者選抜が一般的になるには時間を要するでしょう。それゆえに教育産業はこうしたSTEAM学習コンテンツの開発に本気になれません。しかし「入試が変われずとも学びを変える」のが王道のアプローチです。このSTEAMライブラリーは、「こんな学習素材を使って学びの入口をつくってみませんか?」という問いかけです。

教材マーケットが成立するまで待ってはいられないから始めた、産官学民連携のトライアルなのです。

対談

日本の学びに命を吹き込むキーワード「STEAM」

中島さち子 × 浅野大介

中島さち子氏プロフィール

㈱steAm 代表取締役、㈱STEAM Sports Laboratory 取締役。音楽家・数学研究者・STEAM 教育者・メディアアーティスト。大阪・関西万博テーマ事業プロデューサー。内閣府STEM Girls Ambassador。国際数学オリンピック金メダリスト。ニューヨーク大学芸術学部ITP修士。文部科学省中央教育審議会初等中等教育分科会教育課程部会や経済産業省産業構造審議会教育イノベーション小委員会委員を務める。経済産業省「未来の教室」実証プロジェクトにも多数携わる。(2019年8月31日対談収録)

「未来の教室」の実証事業の中でSTEAMという大事なコンセプトを形にしてきたジャズピアニスト・数学研究者の中島さち子さん（株式会社steAm 代表取締役）。取り組みの内容を振り返り、子どもたちの変化や日本における学びの探究化・STEAM化に向けた課題についてお話を聞きました。

社会課題の解決には、STEMとA（リベラルアーツ）が必要

浅野：中島さんが関わってくれた徳島商業高校のSTEAM実証事業、よかったです。カンボジアの首都プノンペンの渋滞問題解消に挑戦したPBL（プロジェクト型学習）の取り組みでしたね。現地とオンラインで何度も対話を重ねて、代表の生徒たちは現地に調査にも行きました。

中島：そうですね。カンボジアの渋滞問題というのは、彼らが仲良くしていたカンボジアではいかに交通渋滞が多いかという話を聞いてこちらから提案したテーマでしたが、高校生たちがモチベーションを持って取り組み、交通量調査のプロのように動きました。

浅野：高校生にとって、外国の社会課題なんて、普通は自分ゴトにならない気がしますが、どう探究を進めましたか？

中島：最初はやはりまず数名が現地に行き、現地の高校生と交通量をカウントすることになりました。他にも、現地の交通事情を聞いたり交渉したり。だから一挙に当事者意識が芽生えたようです。帰国後はデータをまとめワークショップを始め、渋滞が多く生じていたラウンドアバウト（環状交差点）の入口に注目することになりました。マス目を作って、前の車が行ったら進めるとか、入る優先順位などのルールを決めて、コマを動かしてイメージをつかむ感じ。これは実は、セルオートマトンという数理モデルです。もちろん１００％

の未来予測などはできませんが、それでも見えてくる本質があります。

浅野：なるほど。

中島：その後に、車が入る頻度や流量、信号のコントロールなども踏まえたシミュレーションに入って、プログラミングも少しやりました。そこから見えてきたことをまとめて、向こうの教育省と交通省にプレゼンまでしたんです。調査の結果わかったのは、マナー違反の多さが渋滞の原因の1つになっていたこと。目視でも気づいたけど、実際に数えてみるともう、1時間に1000件以上ありました。すごいんですよ。5人乗りとか、逆走もある。生徒たちも驚いていましたね。（笑）

浅野：それで、生徒たちが渋滞問題を解決するためには、交通マナーの教育から必要では？　って気づくんですよね。この気づきが、STEAM学習として面白い。最初は数理的なSTEMのアプローチだけだったけど、社会で機能させるためには、法や倫理というA（アーツ）が必要だって気づく。

中島：そうなんですよ。しかもデータとしてもエビデンスもありますし。また、問題解決していこうと思ったら、人の「心」を動かしていく必要がある…と気づいたのはよかったですね。

浅野：日本におけるSTEAM教育の課題は？

中島：日本の先生は、概して本当に研究熱心です。日本の授業研究の深さは、世界的に見てもすごい。ただ、その分、自分の教科の外に出ようとするときに恐怖感が生じやすいかもしれません。これはどの国でも同じだとは思いますが…。

浅野：そうですね、先生たちは自分の教科の中に「閉じた美しき世界」をつくりたくなるのですが、でも、大人のシゴトは何でも「教科融合」です。大人はリアルな社会課題や生活課題に対して、知らず知らず数学も理科も社会も、家庭も技術も美術も保健も、いろんな知識を関連づけて解決策を考える。だから、先生には教科の壁を越えて協力してほしいですね。中島さんはいまはニューヨークに留学してて、娘さんはたしか現地校ですよね？　先生たちはどうですか。

中島：アメリカの数学の宿題で面白いなぁと思ったのは、「今日学んだ数学は社会や日常のどんな場面で役に立つと思いますか？」という問い。答えも一切与えないです。娘も最初は驚いて頭を抱えていましたが、段々そうした視点や思考に慣れてくる。でも、このオープンクエスチョンって大事だなと思っていて、日本の場合は従来大学に入るまで、ほとんどオープンクエスチョンに出会わないんですよね。特に理系は答えが決まっているものが多い。マルバツとかイエスノーではないようなクエスチョンに、もっと若いときから出会えると素敵だと思っています。

浅野：そう。私は恥ずかしながら「数学は暗記だ」の信奉者として大学入試を乗り切ったので何も言えませんが（笑）、社会科については語れます。たとえば世界史や日本史の教科書の中に出てくる戦争の史実なんかも、「なぜその程度の小競り合いが戦争にまで発展してしまったのか」、もっといえば「その国はなぜ負けたのか」も深く掘れば理由があって、それは現代でも1つひとつの交渉ごとや組織のつくり方にも教訓として活かせます。中高生が大人になって様々な小さな衝突に巻き込まれた時に教訓にならないなら、歴史を学ぶ意味はゼロですよね。「○○の合戦が何年で誰かと誰かが戦いました」って暗記してても、試験終われば、はいおつかれさま、です。

中島：いろんな見方がある中で議論をさせるってことが大事ですよね。政治やエネルギー問題も日本ではデリケートだからほぼ扱われないけど、北欧だと選挙権のない年齢から議論しますからね。

浅野：日本の学校の先生たちを見ていて、先生自身が探究を楽しむ経験が必要なんだなと感じます。たとえば、クラスで議論が漂流する、混乱する、という状態を「教師として統率できない悪い状態」だと思い込まされています。「それ、先生もわかんないわ」と開き直って生徒と一緒に学ぶことが許されないから、怖くてオープンクエスチョンなんて出せない。生徒からどんな妙な答えが返ってくるかがまったく想像つかないわけだし。

中島：それは、あるかも。逆に、試行錯誤を楽しんでいる人は失敗を余り怖がっていないですね。

浅野：「混乱から学べ」的な世界で育っていない学校の先生たちが失敗を怖がらないようにするには、どういう機会が必要だと思います？

中島：多くの先生方は、基本的に一方向型の授業しか受けてきていないため、恐怖感があるのはある意味では当然です。だからこそ、五感を使った学びや答えや問いが見えない探究の楽しさを体験することが大事ですよね。間違ってもいいんだという体験を先生や保護者がしない限り、多分、子どもに心からは伝えられない。マインドセットだけいくら言われても嫌でしょうし、実際に、ああ、なるほど！　と思える機会がないと。だから大人も、発見、発明の楽しさを味わえる遊び場がもっとあるといい。そこでは、正しいことを発見するかどうかはある意味ではどうでもよくて。むしろ、自分なりにいろんなことに気がついたり、予測できたり、発見したつもりになれることが大事。そこから新しい発想が生まれるし、深い学びにもつながる。予定調和に集約するのではなく、いろんな人がいろんな発見をしていく過程や多様な学び方を目指してほしいですね。

浅野：まさにSTEAM学習ですよね。

中島：そうです。あとアメリカで感じるのは、1人1台のデバイスの支給はやはりSTEAMや探究の視点でも格差解消の視点でも大切だなと。娘の学校では、何万という本が読めるデジタルライブラリーのIDが無料で配布され、読書の課題はすべてクラウド上で。多くの資料もウェブ上でまとめるから、自然と見せ方や伝え方を考え始める。一方、時にポスターなどハンズオンで、多国籍の仲間で作ってもいましたが…自由なロボットとの遊びも歌や絵も同じように楽しんでいましたね。アメリカの教育がすべてよいとは思いませんが…。

浅野：日本の教育って、知識の積み上げばかりをやっているから、学校行ってもモノやコトを作り上げる感覚をたいして身につけられない。この現状をどうにかしなきゃと思っていて。

中島：私たちは、社会人や保護者、先生方など大人と一緒に体験的なワークショップもしますが、反応がとても面白い。〝そんなに自由に考えていいのか〟〝こんなのがつながってるんだ〟など。社会のことがわかってきた大人の段階で過去の「知」を振り返ったり、意外なつながりなどが見えてくると楽しいですよね。知が生きてくる。だから国には、子どもたちの教育だけでなく、大人も刺激できるような場や機会をもっと開いてほしいですね。あとは、格差解消のためにも、新しい学び方を支援する多様な教材やツールなどを、なるべくオープンにウェブでも提供してほしい。

浅野：それが中島さんとも一緒に進めている「STEAMライブラリー」の取り組みですね。

中島：これから探究学習が広がると同時に、STEAMという言葉も広がると思うのですが、それが誰にとってもなるべく心躍る響きになってほしい。こどもも大人も誰しもが発明家で研究者で芸術家だから！ また、特に従来の科目になかった工学や技術については、慣れない先生方も多いと思います。もっと、ものづくりの楽しさやコンセプトづくりの大切さ、プログラミングや技術によって開かれる創造の莫大な可能性も、プレイフルに伝えていきたい。結果、皆が未来社会共創の喜びや自信が感じられる社会となると素敵です。

第5章

サード・プレイスという「未来の教室」

～「夢中になる」を正当化してくれる、「本当の居場所」が必要だ

CHANTO WEB
での対談記事

「夢中になる」を正当化してくれる「サード・プレイス」

２０２１年４月。筑波大学の授業科目検索システムが学生の履修登録期間中に使用不能になった際、新入生が代用システムを数日で作り上げ、Twitter上で「いなにわうどん」名義で利用を呼びかけたことがニュースになりました。この新入生の和田優斗さん（筑波大学情報学群１年生）と、CHANTO WEBで対談をさせていただく機会に恵まれました。

そこで盛り上がった話題が「サード・プレイスの必要性」でした。

つまり**学校でも家庭でもない「第三の居場所」の必要性です。**

高校時代の和田さんのサード・プレイスは、ＩＰＡ独立行政法人情報処理振興機構のデジタル分野の異才発掘プロジェクト「未踏」であり、和田さんはここで「スーパークリエータ」に認定されています。和田さんは、私との対談の中でとても重要な言葉をたくさん残してくださいました。

プログラミングを小学生時代から独学で学び、中学の頃に技術的な内容は一通り習得した和田さん。彼が「未踏」というサード・プレイスを手にしたことで受けた最大のメリットは**「公的な事業に選ばれたことで、周囲の理解が得やすくなったこと」**だったそうです。

「それまでは「プログラミング＝変なことをしている」みたいな感じで学校の先生など周囲の大人からなかなか理解が得られない部分があったので…」と告白しています。

和田さんは、筑波大学には総合型選抜の1つ「国際科学オリンピック特別入試」枠で合格していますが、周りには、学校やご家庭からの「プログラミングなんて大学入ってからでいい」という「助言」で、伸び盛りに空白期間をつくってしまった生徒さんもいたようです。和田さんはこう付け加えました。「子どもってITに限らずいろんな分野に興味を持つと思うんです。そういう時に**「勉強が大事」とか「友達と遊ぶのが一番」みたいな固定観念を押しつけるのはやめてほしいですね。**趣味とか勉強の仕方とか、あらゆる面で子どもの個性を見出す…そうした接し方が子どもの才能を伸ばすんじゃないかと思います」。

様々な分野やレベルで「サード・プレイス」を用意する必要性を感じます。たとえば水泳の世界ではナショナル・トレーニングセンターがあり、強化指定選手が育つ環境があります。そこには各地のスイミングクラブの枠を越えて才能が集まり、触発し合います。競泳メダリストの松田丈志さんからお聞きしましたが、中高生の頃から近所の学校や地元社会の枠を越えて「全国各地の凄い奴ら」と触発し合い、影響を与え合うことには得難い価値があるようです。たとえ最終的にトップアスリートまで登り詰められなかったとしても、その経験は人生の様々な場面で転用できるだろうと、容易に想像がつきます。

学術分野でも、ＪＳＴ国立研究開発法人科学技術振興機構が主催する「グローバルサイエンスキャンパス」、一般社団法人Glocal Academy主催の「高校生国際シンポジウム」など、**高校生が「高校生らしくない」才能を磨き合う場は増えていますが、まだまだ足りません。**そして、様々なサード・プレイスを通して就職も変わればいいです。**プロスポーツが若い才能の発掘に血通をあげるように、企業が高校生・大学生を育てるのを当たり前に。**たとえばサイバー分野で才能のある高校生が、第一線で活躍するエンジニアたちと働いて、プロダクトをつくり、お金をもらい、深く学ぶ。ＡＯ入試で進学だってすればいいわけです。

「誰もがそれぞれ満足できる」ための「サード・プレイス」

経済産業省「未来の教室」プロジェクトでは、こうした「サード・プレイスづくり」にも投資をしてきました。異才を持つギフテッドの子の「才能を育む」観点も、不登校問題を直視した「誰もがそれぞれ満足できる場づくり」の観点も両方を大事にしてきました。

この2つの観点から、オンライン・オフラインを組みわせる「次世代型オルタナティブ・

スクール」のモデルをつくりつつ、教育支援センターを含め公立・私立のオルタナティブ・スクールが「EdTech導入補助金」を活用できるようにもしました。**経済産業省の教育政策は、教育機会確保法**※**を尊重し、その理念の実現を進めています。**

ここで私たちが意図するのは「学校教育の否定」でもなければ、「現存するオルタナティブ・スクールへの無条件の礼賛」でもありません。目指すのは、多様な普通教育機会の選択肢を増やすことです。オルタナティブ・スクールは学習塾や音楽教室と同じく国の教育制度の縛りがない分、プログラムが多様で、教員免許の有無を問わず良質な指導人材を集め、十分な資金さえ集められれば、理想的な学習環境をデザインしやすいわけです。

また、**そもそも不登校状態の子たちは、「いまの学校」という学習環境に違和感を明確に表明し「自分の居場所はここじゃない」と意志表示した子たち**です。この子たちを個別最適に伸ばせるオルタナティブ・スクールは、巡り巡って「いまの学校」に大きな影響を与える存在だと捉えて、ここでの教育イノベーションを後押しすべきです。

「地方で学校になじめない＝教育機会をいきなり失う」という現実

不登校問題は抜き差しならない深刻な状況です。不登校の子、「親を困らせないために

※教育機会確保法：「義務教育の段階における普通教育に相当する教育の機会の確保等に関する法律」の略称。

通学する」潜在的不登校の子、発達特性の強い子、強い発達特性と併せて高い知能指数や特定分野での異才を持つ2E（Twice Exceptional）やギフテッド（Gifted）な子。この子たちを画一性高くデザインされた公立学校に任せても、教師にも子どもにも無理が生じます。そして各市町村の教育支援センターも財源がなく、指導人材も足りません。だからこそ普通教育環境の多様化に向けて、質のしっかりしたオルタナティブ・スクール等の多様な学び場への公的支援が必要なのです。これが「教育機会確保法」の精神です。

一方で、質の担保されたオルタナティブ教育を実現するにはお金がかかり、そして、顧客の少ない地方では採算が合いません。そのため、地方の、それも中山間地や離島の子たちは近所の「学校」と相性が悪ければ、経済的に余裕のある家庭でもない限り、教育機会をいきなり失うことにつながります。そこで**「オンライン」と「オフライン」の掛け算による公立や公設民営の「次世代型オルタナティブ・スクール」**が必要になるのです。また、それが「特別扱い」ではなく「一条校で学んだ」と認められるためにも、**学習ログの評価によって「みなし就学義務」を堂々と認める「仕組み」も検討が必要**です。

さらに、どうせやるならオンラインのキャンパスを軸に4年間で世界7都市をリアルに渡り歩きながら学ぶ「ミネルバ大学」のような学習機会を小中学生にもつくれないか、という大胆な発想が生まれてきます。

i.Dare（イデア）：「生きる、あそぶ、学ぶを自由に」

こうした考えで開発・実証してきた「次世代型オルタナティブ・スクール」プログラムの1つが、ここで紹介するi.Dareです。現在は福岡県を拠点にオフライン・オンラインを組み合わせて各地の子どもたちに教育機会を提供するNPO法人SOMA（読み方は、杣《そま》人《びと》の「そま」）が運営するプログラムです。

代表理事の瀬戸昌宣さんは、アメリカで農業昆虫学の博士号を取得して帰国した研究者。帰国して高知県土佐町に地域おこし協力隊として移住し、SOMAを立ち上げました。土佐町から受託した教育支援センター事業を通じて、**日本の学校教育の3つの深刻な課題を解決したい**、とおっしゃっていました。「3つの深刻な課題」とは**「個人の発達に合わせた深い学びの機会の不足」「主体性の基礎となる自由意志による自己決定を保障する環境の欠如」「創造的・独創的に生きるための自尊感情の崩壊」**。これらを克服するオルタナティブ・スクール構想が「i.Dare（イデア）」です。

私たちはこの構想を2019年度の「未来の教室」実証事業に採択しました。実証事業

次世代オルタナティブ・
スクールの事例報告

1年目は高知県土佐町で不登校児童生徒向け教育支援センター事業でしたが、2年目は東北から沖縄県まで不登校の子も通学している子も含めた**オフライン・オンライン融合の「サード・プレイス・モデル」**へと変化しました。「地元の学校では得られない体験をしたい、休日や放課後でいいから知的な刺激がほしい」と思う子も、**「ここは地方の小さな町だから」と諦めなくてすむ、質の高い「サード・プレイス」をつくる意味は大きい**のです。

実証事業1年目：オフライン時代のi.Dareの1日

i.Dareで目指してきたのは、幼小中統合型の個別最適・自立学習環境です。一人ひとりの発達を正確に把握し、発達段階に合わせたプログラムを仕立て、発達・発育を促すものです。特に、個々の自尊感情の醸成を重視し、描画・アート・体育・言語・アントレプレナー教育を中核にしてプログラム開発が進みました。深い自己理解に基づいて、自己実現を成し遂げる環境づくりを自ら整えられる「個」の発達・発育を目指すものです。

実証事業では、土佐町と隣の本山町11名の児童でスタートしました。朝8時30分からのチェックイン（朝礼）で始まり、14時45分から15時30分までのチェックアウト（終礼）で終わる1日の中で、一番比重が多いのが「自由時間」です。その合間に、「レギュラー・

コンテンツ」として設定されたアート・描画・対話・ボディワーク（体育）・日本語と英語・英語と中国語・算数・昼食の調理・アントレプレナー教育を中心としたプログラムが散りばめられます。ポートフォリオやカルテの作成と分析に基づき、学習成果だけではなく自分の成長を実感できるように到達度評価を行い、個別最適な自立学習へとつなげていきます。

瀬戸さんから常に共有されるのは「**ひとりひとりにけんりがあります**」「**私の自由を大事に**」「**あなたの自由を大事に**」「**私たちの自由を大事に**」という**4原則**です。すべての行動がこの原則に則っているかを常に子どもたちがそれぞれチェックします。すると「他人の自由を奪わないこと」「時間を守ること」の必要性も自然と共有されるのです。

最強のSTEAM学習としての「調理」

i.Dareでは毎日3つの料理を子どもたちが作って昼食にするのですが、STEAM学習としての調理の威力がよくわかります。基本的な食材と調味料が用意され、毎日20名分を超える食事のためにそれらを「組み合わせ」ます。料理や人数によって食材や調味料の量は変わるため、四則計算を常時行い、子どもたちは迷いながらも、計量を受け持った子同士で相談しながら分量を決めていくという「算数」を繰り返します。また調理法というのは「煮る・焼く・揚げる」のどれも熱を介した反応を扱う「理科」ですから、そのうち、子どもたちは**美味しい料理は科学のセオリーに裏打ちされる**ことも知ることになります。こう考えると、**学校でも技術・家庭科というのは最強のSTEAM教科**で、本来は学校の学びの中心に置かれるべきものだと感じます。

最初は子どもたちは、スタッフからその都度指示された通りに調理を実行するだけでした。しかし、スタッフが調理の流れをチャート図にして示すと、子どもたちは調理チャート図と周囲の状況を見て、次に自分がすべきことを考え、周りの大人にも様々なリクエストをして、シゴトの段取りを組み立てていくようになりました。これはいま小学校現場を悩ませている**「プログラミング的思考」が目指す資質・能力そのもの**です。

実証事業2年目：リアルとオンライン融合型の「サード・プレイス」へ

i.Dareにおけるコア・クエスチョンは「あなたは、何がしたい？」です。この質問を日々、徹底的に問い続けると、子どもは「私がやりたいから、これをする！」という思いにようやくたどり着きます。i.Dareは、実証事業2年目以降は「不登校の子の居場所」というよ

実証事業2年目のi.Dareプログラムの構造

（左上）毎日の調理活動
（右上）行動予定を話し合う
（下）司書スタッフの選書に触れる
I dare to change the world!

2020年度実証は「３週間（オンライン）＋１週間（キャラバン）」を１セットとして３セット実施。
参加した17名は、東北から沖縄まで全国から参加。キャラバンは愛媛県内で実施。

りは**「不登校の子も、通学している子も混在するサード・プレイス」**へと性質を変えていきました。全国展開する意味でも、オンラインとの融合も不可欠でした。

実証事業2年目は小学4年生から中学3年生までを対象とし、小学3年生以下についてはオンライン活動を行うＩＣＴリテラシーのある子の参加を認めました。居住地は東北から沖縄県まで散らばる17名の参加者。10名が不登校状態で、7名は学校とi.Dareのハイブリッドという構成になりました。1週間の「キャラバン」（協働活動・共有体験）と3週間の「オンラインプログラム」（ミートアップ（交流会））を1セットとして、3セットを実施しました。最初にキャラバンで集中的な合宿活動を行うと、オンラインプログラムでの協働や共有もスムーズになるというのが、瀬戸さんの振り返りでした。

「オンラインプログラム」でのミートアップは週3回各2時間程度で、チェックインから始まり、身体を動かすボディ・ワーク、学習プログラムで構成されますが、学習プログラムは哲学対話や時事問題についてのディスカッション、参加者個人の課題に全員で取り組む、オンライン学習の計画づくりや進捗報告をするなど、多様な内容で構成されます。

一例ですが、昆虫生態学者とミュージシャンの対話、川が好きな税理士が川に見立てて する「お金」の話、フランス在住のプロのシェフと料理を作りながら話をする、小学6年生で単身マレーシアのインターナショナルスクールに留学した体験を持つ高校2年生の話、第4章でも紹介したサイバー攻撃から社会を守る正義のハッカー（エシカル・ハッカー）と話をする、産婦人科医から性教育を学ぶ、弁論大会日本一に輝いたスピーチライターとともに自分の自己紹介を書くなど、知の扉を開く工夫が散りばめられています。

こうした探究的な学びのほかに、オンライン学習のサポートツールとしては、1年目と同様にＡＩ型教材の「Qubena」、思考センス育成教材の「Think!Think!」、そしてプログラミング教材の「Life is Tech! Lesson」などの「未来の教室」プロジェクト全体でお馴染みのEdTechをここでも使用しました。

「学校」対「オルタナティブ・スクール」という二項対立を超えるには

子どもたちの様子に、保護者はどんな反応をしていたのでしょうか。

「自分で主体的に動く力が増したと思います。**わからないことは大人に聞く、スマホやパソコンで検索するなどして、何とか答えを導き出す**という力も、ついたように思います。子どもという立場で大人に従っているだけではなく、１人の人間として尊重されることにより、生きる力がついてきていると思います」

しかし、実証事業1年目は、オルタナティブ教育を「小中学校が1つしかない中山間地域」に導入する難しさに直面しました。学校や住民からの理解を得ることの難しさです。「学校に行きたくない子たち」の気持ちを大人が受け止めるには、心の準備が必要でした。

毎月地域の子どもたち向けの体験会を実施し、瀬戸さんと当時の澤田智則教育長は説明を繰り返し、町立小中学校の校長の理解も得てきました。しかし２０２０年度生の募集を始めたあたりから「イデアに行きたい」と言い出す小学生が想定以上に増え、町中に動揺が走りました。

それは子どもたちの「サード・プレイスへの渇望」の証左でしたが、担任の先生たちからすれば「2学期まではいた子たちが、3学期から学校と自分を拒否した」と感じても不思議はありません。ただ、それが子どもの素直な気持ちですし、そこからの学校と教育支援センターの対話が重要でしたが、土佐町役場内の心の準備も十分ではなかったのでしょう。

「子どもたちに学ぶ場所の選択権を与えること」について、日本では成熟した議論がまったく成立していません。**住んでいる地区ごとに「ここに行け」と言われた場所に保護者が子どもを毎日通わせることが義務教育**であり、**基本的には「選択肢がない」現状**です。

そんな状況を踏まえると**学習権を保障する「サード・プレイス」の重要性は増す一方**であり、学校とオルタナティブ・スクールの二項対立を温存しない仕組みが必要です。第2章冒頭で申し上げた「学びとシゴトと福祉のピラミッド」がすべての子を支えるものとして大事なのですから、すべての子が自分に合う学びの場を選べるよう**学校そのものの選択肢が必要**です。そのためには「学校の一類型」として認めうる、公立または公設民営のオルタナティブ・スクールを設置していく必要もあるはずです。終章で紹介する「不登校特例校を普通にする」といった視点がカギだと思うのです。

終章

2025年、どんな「未来の教室」を創りますか？

～「高信頼性組織」であり、「いいとこ取りの組み合わせ」が可能な場に

経済産業省産業構造審議会
教育イノベーション小委員会
熊谷晋一郎委員資料

そもそも先生たちから見て、いまの学校は「高信頼性組織」か

ここまで、広尾学園「医サイ」、伊那小学校、イエナプラン教育、そして工藤勇一校長時代の麹町中学校といった私自身の思考の土台になった事例の上に、第2章で教育DXで可能になる「未来の教室」の基本構造をイメージしていただき、第3章から第5章では「未来の教室」プロジェクトを一緒に振り返っていただきました。

これらを重ね合わせると「未来の教室」のイメージが具体的に思い浮かんできませんか？

最後に、そこにキーワードを追加します。**「高信頼性組織」**という概念です。

経済産業省「未来の教室」プロジェクトを進めてきて、わかったことがあります。実証事業で成果を出した学校には「共通点」が感じられたのです。

まず失敗を責められたり、同調圧力で孤立感を与えられたりしない**「心理的安全性」**がありました。たとえば「アサノ先生のクラスだけ頑張られると保護者の期待が高まって困ります」的なネガティブ反応で同僚の足を引っ張る先生も少ないのです。そして先生や生徒や保護者や関係者の間で**「知識の共有」**が盛んに行われます。その大前提として共有された最上位目標に向けてメンバーが試行錯誤するのを尊重し、自分もそこから学ぼうとす

る**「謙虚なリーダーシップ」**が機能しています。**この状態は「高信頼性組織の条件を満たした状態」とも言い表せます。**

「高信頼性組織」（High Reliability Organization）の概念は、経済産業省産業構造審議会教育イノベーション小委員会で熊谷晋一郎委員（東京大学先端科学技術研究センター准教授）が紹介されたのですが、これは学校づくりにも応用すべきものだと思います。

この高信頼性組織研究は、化学プラントや原子力発電所や病院など、仮に事故が起こればハザード（被害）の大きい重要インフラのうち、日々トラブルはあっても重大事故に至らない「ダイナミックな無風状態」を続ける高信頼性組織の特徴を探る学際研究です。

生後間もなく脳性麻痺により四肢の自由を失いながら小児科医になった熊谷先生が研修医時代を過ごした「野戦病院のような救急病院」には、**「要は、命を救えばいいんだよ」という「シンプルな最上位目標」への合意**があり、クセの強い医師一人ひとりに手段選択と創意工夫の余地が保障される**「組織文化」**があったそうです。それが病院特有の複雑な**「組織構造」**を乗り越え、日々発生する想定外事態に臨機応変に向き合い、人命を救うことを可能にしていたそうです。手足が不自由なため医療機器の使い方が独特のスタイルになる熊谷先生も、持てる力を最大限発揮できたそうです。これは「高信頼性組織」の典型

高信頼性組織(High Reliability Organization)に関連する研究

　複雑なシステムを扱い、多様な関係者の要求の中でわずかなミスやトラブルが大きな危機につながる組織が、絶えず変化する状況のなかで「ダイナミックな無風状態(dynamic non-events)」(Weick and Sutcliffe 2001, 2015) をキープするための方法を研究するもの。

　例えば、原子力発電所、潜水艦、航空管制、配電施設、銀行、医療等の重要インフラ。

(熊谷晋一郎 東京大学先端科学技術研究センター准教授作成資料より)

例だというわけです。

　熊谷先生は重大事故を防げる「高信頼性組織」には、メンバーの個別事情や創意工夫から学ぶ**「謙虚なリーダーシップ」**が機能し、メンバー間の**「心理的安全」**が保障され、**「知識の交換」**が盛んであるため、**「一人ひとりの創造性が発揮される状態」**が生まれ、結果として**「ダイナミックな無風状態」**をつくり出せているのではないかという仮説を立てています。

　これを学校に当てはめてみましょう。それは先生や保護者や生徒全員が**「学校って、要は○○できていればいい場所だよね」という最上位目標にコミットする「組織文化」がある状態**といえるでしょう。要は「最上位目標に近づくなら、やり方は各自に任せよう、成果は学習ログで確認して個別にフォローしよう」という心構えでいられる学校です。

謙虚なリーダシップ×心理的安全性×知識の交換が「メンバーの創造性」を生み出すという関係

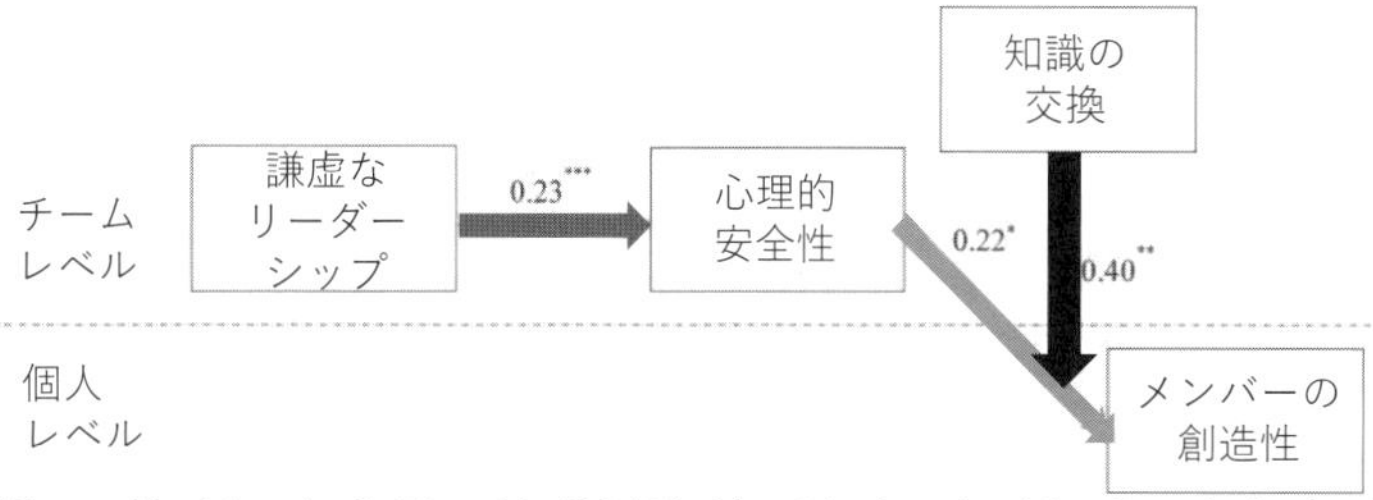

Wang, Y., Liu, J., & Zhu, Y. (2018). Humble Leadership, Psychological Safety, Knowledge Sharing, andFollower Creativity: A Cross Cross-Level Investigation. Frontiers in Psychology, 9, 1727.

その「シンプルな組織文化」が機能して、文部科学省による学習指導要領と解説や、山のように発出される通知文、事務分掌など文書に支配された「複雑な組織構造」を乗り越えて、最上位目標を達成し続けている状態を目指すべきです（もちろんその「複雑な組織構造」自体にも文部科学省はメスを入れるべきです）。

そんな学校の職員室なら、**「こんな場面ではこう対処すべきもの」という従来の「物語」を裏切る事態**に直面しても、先生たちは**「それはワクワクさせられるなあ！」**という前向きな知的態度で課題解決に向かい、「物語」をアップデートし続けられるはずです。職員室がそんな「研究文化」にあふれた空間に変われるなら、生徒たちもそこからジワジワと影響を受けるはずです。そんな「未来の教室」をつくれないでしょうか。

日本の学校がそんな「高信頼性組織」に生まれ変わるには、**学校現場は具体的にどんな取り組みを、どのように始めていけばよいのでしょうか。**手軽な方法をご提案します。

たとえば「校則改定」に取り組んでみる

ここで再び、第4章でご紹介した「みんなのルールメイキング」の登場です。

このプロジェクトの「元祖」である**岩手県立大槌高校の校則改定プロセスは、「職員室の高信頼性組織化」という、思わぬ効果を生みました。**カタリバの菅野祐太さんたちと一緒に校則改定の議論を始める前後で、先生たちの心理は次のように変化しました。数字で見た変化はもっと如実で、次頁のような結果でした。


【校則改定の議論をする前の、先生たちの心の中】

●ここまで厳しい校則が本当に必要かと思っていたが言い出せなかった（**負の同調圧力**）
●周りの先生が厳しくするのを見て指導がより厳しくなっていった（**忖度による負の増幅**）
●職員室に暗黙のルールがあり、そもそも論を問うことがはばかられた（**暗黙の当たり前の固定化**）

岩手県立大槌高校で校則改定を通じて発生した「職員室の変化」

	初年度	２年目	差分
失敗してもよいという安全・安心な雰囲気がある	５８％	９５％	**３７％↑**
人の挑戦に関わらせてもらえる機会がある	５８％	９０％	**３２％↑**
立場や役割を越えて協働する機会がある	７５％	１００％	**２５％↑**
本音を気兼ねなく発言できる雰囲気がある	５０％	７０％	**２０％↑**

岩手県立大槌高校・認定NPO法人カタリバ作成

【校則改定を実現した後の、先生たちの心の中】

●職員室の中での自由な発言が否定されない（**自由な発想が許容される職場に**）

●生徒と自由に発言する機会が増えて生徒と議論できる関係になった（**教師対生徒が抑圧的関係から対等な関係に**）

学校が高信頼性組織に向かう道は、こんな地道な積み重ねによって開けていくのではないでしょうか。

よく耳にする**「教育に失敗は許されない」という言葉**は、先生を萎縮させ、無用の同調圧力にさらし、思考を停止させ、**学校を「失敗に向かう一本道」へ誘う「呪いの言葉」にもなります。**教育内容だって本当は「暫定解」にすぎません。学校現場でアジャイル（臨機応変）に、1つひとつをタブーなく考え直す組織文化づくりを進める時だと思います。なにしろ子どもたちはこれからそんな社会を生きるわけですから、先生がまず「背中で語る」べき時なのです。

たとえば「GIGAスクール更新費用の捻出」を考えてみる

また、いま、学校現場を不安にさせているのは、国費4600億円超を注ぎ込んだ**「GIGAスクール構想」の更新費用を「誰が出すのか」という問題**でしょう。まずは職員室とPTAの対話で保護者負担の教材費を抜本的に見直してみませんか。

2021年7月の経済産業省の産業構造審議会教育イノベーション小委員会第1回会合で示したように、パソコンやEdTechの費用もある程度は捻出ができそうです。

たとえば**5万円から10万円するランドセルをリュックサックに変える**なら、それだけで**iPadやChromebookを買ってお釣りがくる財源**になります。おじいちゃん、おばあちゃんから孫への入学祝いが「リュックサックとパソコン」に変わるわけです。

そして、**数千円の「算数セット」**はアプリに代替すれば不要になり（玉や棒に名前を書く保護者の負担も消え）、月に何度も使わない**数千円の「習字セット」「絵画セット」**は学校で共有して何年でも使えばよく、**割高な学校指定の体育着**もユニクロあたりで買えば安く、**数千円する「紙の辞書」**も教室に備え付けで使いまわして共有するなら、何年も使えます。学校がネットにつながる今後、**3万円ほどの「電子辞書」**はもはや不要です。

この見直しプロセスは「保護者負担の教材費・学用品費の中の調整」ですからトレード・オフ（あれかこれかの選択）の議論になります。すると「共有でいいもの、専用であるべきもの」「デジタルがいいもの、リアルがいいもの」などタブーなき話し合いが必要になり、判断に迷えば**「要は学校って○○できればいい場所だよね？」という「学校の最上位目標」に立ち戻って考えることになります**。この議論の過程は、先ほどの大槌高校の職員室で起きた変化に似た変化を生み出す気がするのです。

学校は法令や大量の通知による「文書支配」も強く、特に公立は多様すぎる保護者への対応から、放っておけば「ゴチャゴチャして身動きが取れない」組織構造に陥ります。その中で先生たちがいいシゴトをするには「要は、学校は何をすればいい場所か？」をシンプルに問う組織文化をつくり、複雑な組織構造を克服する必要があるのです。

国と学校設置者は「学校のカタチ」を作り替えないか

では、国や教育委員会は何を考えて行動すべきでしょうか、ここで私案を並べてみます。

教育DXとは「学校のシゴトの構造」を生まれ変わらせる努力のことですので、「その構造を決めている制度」も当然ながら見直しの対象です。それをやらないなら、「ただの学校ICT化」です。**「学校のカタチ」を規定する学校教育法、義務標準法※、教育職員免許法、さらに義務教育費国庫負担金や教科書無償措置を支える法令・制度は教育DXのシゴトの一環として、見直すべきではないでしょうか。**

本書では「あの条文をこう変えるべき」という細かな点までは踏み込みません。そういう「いきなり具体の話」を詰め始める前に、そもそもの「目指したい学校のカタチ」を構想することが大事です。それさえあれば「具体」はついてきます。

文部科学省による「発明」とも呼びうる3つの特例的制度の活用事例を取り上げます。これらを普遍化することも新しい「学校のカタチ」だと思うのです。

※「公立義務教育諸学校の学級編制及び教職員定数の標準に関する法律」の略称。

「居場所の組み合わせ」が可能で、「時間の使い方」を選べる「未来の教室」（岐阜市立草潤中学校）

日課表②（家庭で学習し、週に数日登校するコースのモデル）

	50 分授業	月	火	水	木	金
始業	9:30					
1	9：35〜9:45	Online ウォームアップ	ウォームアップ	Online ウォームアップ	ウォームアップ	Online ウォームアップ
2	9：55〜10：45	家庭学習	国語	家庭学習	英語	家庭学習
3	10：55〜11：45	家庭学習	数学	家庭学習	理科 社会	家庭学習
昼食 昼休み	11：50〜12：15 12：15〜12：30	私は火曜日と木曜日に登校するよ！				
4	12：30〜13：20	家庭学習	セルフデザイン	家庭学習	総合	家庭学習
5	13：30〜14：20	Online 学習	セルフデザイン	Online 学習	総合	Online 学習
6	14：25〜14：35	Online クールダウン	クールダウン	Online クールダウン	クールダウン	Online クールダウン
終業	14:35	1 週間に 2 日程度の登校				

（左上）寝転がって本も読める図書室、リラックスした議論に向いている。構内の備品は様々な寄附を活用（右上）個室で集中したい時は個人学習ブースに入ればいい。（中段）生徒が自分の居場所を知らせる掲示板。これがデジタル化できたらいい。

①「不登校特例校」岐阜県岐阜市立草潤中学校から見える「未来の教室」

1つ目が、小中学校における「不登校特例校」という制度です。

岐阜県岐阜市に公立の不登校特例校として2021年4月に開校した草潤中学校は、たくさんのヒントをくれます。「不登校特例校」とは、不登校の子たちが教育機会を失うことなく、心地よい環境を選んで伸び伸びと必要な学びを進められるよう、様々な「中学校の当たり前」を取り払って設計された、特例的な学校です。

この学校では、家庭学習と登校を組み合わせて、生徒が自分のペースで学べるよう、登校スタイルを選択できます。①**家庭学習が基本の学習スタイル**、②**毎日通学するスタイル**、③**その融合スタイル**があります（前頁の下段は③のパターン）。

①**は「通信制」の中学校を不登校生徒限定で可能にするモデル**で、③はつまり「通学・通信併用制」ですが、今後ここにEdTechや学習ログが上手に活用されるなら、さらに自律的・個別最適な学習環境になるはずです。標準授業時数も一般の公立中学校に必要な1015時間から770時間と大幅に削減され、子ども自身が無理や無駄のない学習計画を組み、学校に追われずに自分の自由時間や家族との時間を豊かに過ごすことができます。

学校の中には、前頁の写真のように、リラックスして寝転がって本を読んだり会話したりできる場所も、個人学習ブースにこもって集中して学べる場所もあり、子どもたちが自分の状況に応じて居場所を選んで過ごせるようになっています。

「毎日決まった時間に登校する」「毎日決められた場所に座る」「学校の指示通りに動く」学校ではなく、生徒は教師との「約束」のもとで、自分の学びを計画して動かす「習慣」を身につける前提があると思われます。EdTechを活用すれば自分に合う教材を選んだり、オンラインで聞きたい人の話を聞いたりできるようになります。**「子どもが自分の人生も学びも自分でマネジメントし、主体的に自立して生きる」**ための場所を「未来の教室」と呼ぶとすれば、草潤中学校はまさに「未来の教室」を具現化しようとする場所でしょう。

この**不登校特例校という「特例」を小中学校の「当たり前」にしてはどうでしょうか。**

しかし、不登校の生徒のみならずすべての生徒に「選べる環境」「先生が向き合ってくれる環境」をつくるには、様々な職能・専門性に分かれたたくさんの先生を配置し、EdTechと学習ログといったデジタル活用もしっかり必要であり、それにはお金もかかります。この草潤中学校は40人の生徒に対して教職員は26人（教員は17人）という分厚い布陣です。同じ環境をすべての学校ですべての生徒向けにつくり、それを「中学校の当たり前」にするには、学術支援・メンタル支援・キャリア支援に専門性を持つ分厚い教職員団を常勤・非常勤、オンライン指導・オフライン指導の組み合わせで充実させるべく、**国と地方の教育負担を抜本的に強化**する必要もあるでしょう。

こうした大論点に目を背けるのはやめませんか。**教育は未来投資**なのですから。

②「通信制だけど通学する」京都芸術大学附属高校から見える「未来の教室」

2つ目は、「通信制だけど通学する」京都芸術大学附属高等学校に注目します。

尊敬する大先輩の寺脇研さんから「浅野さん、この学校面白いんだよ、ぜひのぞいてみてほしい」と教えていただいた、様々な意味で本質的なチャレンジを始めた高校です。

「通信制高校」は、戦後に勤労青年の学習環境をつくるべく生み出された特例的制度です。生徒の事情に応じてスクーリング（登校しての学び）を必要最低限にとどめ、教員免許を有する教員以外の様々な指導者の参画も得やすい制度環境にあります。

この高校は「通信制高校（単位制・普通科）」ですが、実際には毎日たくさんの生徒が京都芸術大学キャンパスに隣接する校舎に通う「**通学・通信ハイブリッドの学習環境**」です。この学校のユニークさは、同じ瓜生山学園の京都芸術大学や京都芸術デザイン専門学校との「**高大接続**」的な**専門教育プログラム**です。

大学・専門学校による芸術・文学・教育・建築・デザイン科目の提供

	2020年度授業テーマ例
マンガ学科	キャラクターを描いてみよう！
情報デザイン学科	アイデアはどこからやってくる？
プロダクトデザイン学科	欲しいものをデザインする？誰のためのデザイン？
京都芸術デザイン専門学校	イラストレーション　様々な表現

	月曜	火曜	水曜	木曜	金曜
1					
2					
3					
4	体育Ⅰ	選択科目講座	科学と人間生活	選択科目講座	英語Ⅰ
5	体育Ⅰ		美術Ⅰ		世界史B
6	総合		美術Ⅰ		国語総合

左頁の時間割のように月曜・水曜・金曜は、英語や体育や社会など普通教科のスクーリングの日で、生徒は午前か午後に登校します。スクーリングは法律で定められた規定回数よりかなり多く開講され、自宅での学習と組み合わせます。一方で火曜・木曜はプロフェッショナル科目やレポート課題の解説講座など選択制の講座から、一人ひとりが必要なものを選択し、自分の時間割をカスタマイズできます。

京都芸術大学と京都芸術デザイン専門学校との連携によるプロフェッショナル科目は、映画や舞台芸術などの分野に限らず、文学、アニメ、教育、建築、プロダクトデザイン、空間デザインなど13学科を有する京都芸術大学のプロフェッショナル教員から「社会で働く」ことを学び、自分の進路に意識を向けるとともに、キャリア選択への視野を広げることが可能です。経済産業省で提唱した「社会人基礎力」も重視しています。

卒業生たちは **「高校という枠を飛び越えた学び、好きなことや興味があることとつながることで勉強も楽しいんだなと思った」「自由の本当の意味がわかった」** と言葉を残していて、様々な気づきを得ながら学んでいることがよくわかります。

「通信制・単位制」という形式をとりながら「通学機会の価値」を高めているからこそ、学びの主体性を引き出し、選択肢の充実も実現できるのだと思います。

③「特別支援付き普通科高校」：明蓬館高校SNECスペシャルニーズ・エディケーションセンター

「株式会社立」広域通信制高校のパイオニアである明蓬館高等学校は、スペシャルニーズ・エデュケーションセンターという特別支援教育コースを全国展開していて、発達に課題を持つ高校生が特別支援付きの普通科高校教育を受けることができます。

そこでは生徒一人ひとりの特性に合わせた**個別の教育支援計画・指導計画（IEP）**を生徒本人と教員（教科指導担当）、発達障害の支援スキルを持った支援員（コーチング担当）、相談員（心理カウンセリング担当）が協力して作成し、個人認証でログインするマイページで指導・支援・伴走を行う体制が完備しています。

ここでは、生徒の特性に応じて学習しやすい環境調整が行われ、一斉授業の代わりに、パソコンからのネット授業の視聴、添削課題に取り組み、生徒の興味関心を活かしたマイプロ（マイプロジェクト）学習を行っています。一人ひとりの「時間割」は、生徒が担任の先生や支援員と相談して計画を立てていきます。同年齢の集団に参加することが苦手な生徒、身体的・精神的な悩みがある生徒は、まずは自宅でのオンライン学習と週1日短時間の個別登校を組み合わせたサポートをします。

高校としては異例ですが、各種の心理検査の実施体制を持っているため、特性に対する科学的な理解のもとで、将来の進路に向けた合理的配慮と支援を積み重ねます。アセスメント（心理検査、観察、面談など）を通して、障害特性・認知特性・学習特性などを見極めた上で、個別の環境調整をします。この学校の事例に限らず、**特別支援教育の教育実践の成果を、「普通の学校」にも応用していく必要性**を感じます。たとえ人手がかかっても、小中学校のうちからこうした学習環境を用意できないものかと思います。

「義務教育はすべて対面であるべきで、通信制は馴染まない」というご意見はあります。しかし義務教育段階からこうした学習環境があれば傷つかずにすんだ生徒たちが、高校でようやく「行き場」を見つけ、生命を吹き返しているわけです。「誰一人取り残さない」をスローガンに掲げるなら、小中学校のあり方を根本的に見直す必要を感じます。**「高校生になるまでは、辛くても不登校のまま待ってなさい」ではない**はずです。

「特例のほうを普通にする」学校制度のイコール・フッティングへ

文部科学省での会議録などを見ると、最近、広域通信制高校は特に全日制の私立中高から猛烈な批判に晒されています。もちろん過去にあった問題事例への反省は必要ですが、一方でその批判は「自分たち全日制高校は色々と足かせが多いのに、通信制高校だけ自由でズルいではないか」という非難にも聞こえます。しかし「全日制と同じ足かせを通信制にもはめるべき」という方向性のイコール・フッティング論は生産的とは思えません。

たとえば「未来の教室」実証事業の初年度からご一緒しているN高等学校は、学校全体が「教育イノベーション」です（同時に課題も見え始めましたが、長所はフェアに評価すべきです）。一人ひとりが学習環境をデザインできる通信制・単位制は文部科学省の「発明」で、通信制高校には「発明的な好事例」が多数生まれています。

学校間のイコール・フッティングを考えるなら、むしろ「通信制・単位制」を日本の高校の新しいスタンダードにそろえてはどうでしょうか。「普通」に合わせるのではなく「特例のほうを普通にする」発想です。そうすれば、同じ学校の中で生徒が「いいとこ取りの組み合わせ」で研究テーマや教材や指導者や居場所や時間の使い方を組み合わせる高校の設計が可能になります。

もし全日制高校が「全日制」という看板を「通信制」にかけ直すことなく「通信制・単位制高校特有のよさ」を「いいとこ取りの組み合わせ」で享受できる制度に変わるとして

も、全日制私立中高の通信制批判はやまないでしょうか。経営上のメリットから、そうは思えないのです。「通信制・単位制の長所を、すべての高校の土台として活用する」という発想による高校制度の抜本的再設計が道を開きます。**「学校のカタチ」を規定する「タテ割りの壁」を壊して組み合わせ可能にするわけです。**そして、不登校が増える小中学校だって「義務教育だから」の一言で思考停止をするのではなく、同じような制度改革を発想してはどうでしょうか。

ここまで取り上げたように、小中学校でいえば「不登校特例校」、高校でいえば『通信制・単位制高校』、さらに「特別支援教育」には、すべての子どもたちのために、それぞれの制度のよさを「組み合わせ」して「普遍化」すべき点がたくさんあります。

そこから「未来の教室」の姿が、より具体的に、目に浮かんできませんか？

「分ける」ではなく「組み合わせる」センスの学校制度に

いまの学校制度は「生徒は非常に多様だ」という現実をあまり直視しないように設計されています。「生徒全員の多様性」に対応すると「お金がかかる」という現実があまりにも重いからでしょう。しかし、**ＧＤＰに占める公的な教育投資額の国際比較で見た時の我**

が国の公的教育投資の少なさは有名な話です。ＧＩＧＡスクール時代の今後、講義の録画・再生やEdTechと学習ログの上手な活用によって、「知識伝達」に費やされる先生のシゴトの手間はかなり削れます。一方で、個別に寄り添うには大量の先生が必要になります。全員が「常勤」である必要は全くないにせよ、人件費はかさみますが、それを「未来投資」と思うか否かが、今後の判断の分かれ目になります。

今後必要なのは、「子ども全員の多様性」に向き合う前提での「制度の話」や、こうした「カネ目の話」にタブーなく勝負する教育政策への転換です。

文部科学省の政策文書の中にも「多様性」というキーワードは無数に登場します。しかしその意味するところは「普通の学校に適応し難い子たちに、特例的な環境をつくる」という落とし所に行きがちです。そのため、「普通」に分類されているけれど「実は結構苦しい」グレーゾーンにいる多くの子が、普通学級の中で「置き去り」になります。そしてこの子たちから「やればできる」という自己効力感を削ってしまう一律・一斉の学校空間が温存されます。教育行政は「多様性を認めると制度が崩壊する」という漠然とした不安や、財政制約を所与のものとして考える癖から「カネのかからない画一的な秩序の中に個人をはめ合わせる」発想に甘んじてしまいがちです。

たとえば、**WISCなどの知能検査をなぜ全員が受験しないのでしょうか？**「全員が就学前と小学校後半で2回受けて、そのデータを活用した個別学習計画を組む」学校教育システムは必要ないでしょうか。**発達特性がありそうな子だけを「分けて検査する」のではなく「全員が検査する」**。それによって差別感も消えますし、「一見普通」に見えても結構いろいろ凸凹のある（私もそうかもしれませんが）子もセルフマネジメントに活かせます。すべては「程度の問題」ですから「組み合わせ」で解決するのです。

いまから必要なのは「普通」と「特例」の線引きで**「分ける」センスの制度設計でなく、**「すべての生徒にたくさんの選択肢を保障する」**「組み合わせのセンス」の制度設計**ではないでしょうか。

目指すは、第2章で申し上げたように「クローズド型・垂直統合型」のサービス提供体系で「一つのパッケージで全員を満足させようと頑張る学校」ではなく、**「オープン型・水平分業型のレイヤー構造」**で、世の中の無数の知恵者が生み出す豊かな学習手段を選択肢として**「いいとこ取りの組み合わせ」**ができる**「誰もがそれぞれ満足できる学校」**です。

ここでは特に強調したいポイントを4点、ご提案します。

①「先生」の組み合わせ：多様な職能の先生を増強できる教員免許制度

「未来の教室」プロジェクトを推進して感じたのは、**特に大都市の学校では教職員1人で面倒を見る生徒の数が多すぎる問題**でした。会社組織でも1人の課長が30人や35人もの部下を直接マネジメントはしません。必ず中間に課長補佐や係長といったミドル・マネージャーが介在します。それが居ないいまの学校のクラスで、たった1人の先生が幼さと気難しさにあふれる生徒をマネジメントするのは無理があります。だから「生徒を統制する」スタイルの「昭和の学校」が各地で温存されるのだろうとも思います。

いまの義務標準法に基づく学級数と教員数の算出方程式そのものを変える必要はないのでしょうか。首都圏の大都市と地方の県では、教師1人あたり生徒人数に倍の開きがある自治体もあります。「35人学級の実現」は歴史的な第一歩ですが、地方ばかりでなく、**大都市でも、20人や15人という「マネジメント可能なサイズ」を追求すべき**です。

その上で、**「教職員」を「様々な職能を持つコーチ陣と事務スタッフ陣」で形成される集団につくり替えて大幅増強する必要**を感じます。前述した明蓬館高校SNECのような特別支援教育に限らず、普通学級の世界でも「先生」は教員（学術コーチ）・支援員（キャ

プログラミングや探究学習は「規格外の先生」が大量に必要

Life is Tech!株式会社が実施した「未来の教室」実証事業Creative Project Based Learninig（CPBL）の様子。この事業は授業時間外で行われたが、たくさんの大学生TAが、学校で「先生」として活躍する未来が想像できる。

リアコーチ）・相談員（メンタルコーチ）という異なる専門性・職能を磨いた先生によるチーム指導、そこにEdTechとデジタル基盤をそろえる必要を強く感じます。

そのとき、何でもかんでも「常勤で終身雇用の教員」が教えるという前提を捨て、大学生や大学院生のＴＡ（ティーチング・アシスタント）が生徒の個別指導や探究指導をサポートする場合にも国からの義務教育費国庫負担金を投入できるよう、**教員免許制度も抜本的に変える必要**はないでしょうか。特にプログラミングや探究学習の導入を**教員の「自前主義・純血主義」だけで乗り切ろうとすべきではない**です。「規格外の指導者」の専門性を評価して教員免許を渡し、オンラインや非常勤の指導者も大量に活用したほうがよいですし、オンラインだけで指導に入る人も大量にいたほうがクオリティが高いはずです。

たとえば「プログラミング教育」で一番現実的なのは、「すべての先生がゼロからプログラミングを勉強する」のではなく、まず生徒がLife is Tech! Lessonのような入門的プログラミング教育プログラムに自学自習で取り組み、教室には技術に精通したバイトの大学生ＴＡが配置される姿でしょう。

もしそれがいま実現できても、教室に教員免許保有者がいることが要求されます。しかし**「立会役」に過ぎない先生が、手持ち無沙汰な1時間を過ごすのは「形式主義」の極みで時間の無駄**になります。教員免許保有者が教室にいないオンライン授業や「先生よりわかってる」大学生ＴＡによる指導を認めたり、発生する人件費をＴＡ等に振り向けるようにする改革は急務です。要は免許制度改革です。

②「マイ時間割」の組み合わせ：標準授業時数は「廃止」できないのか

義務教育については「中学2年生の総授業時数1015時間、数学は105時間、理科は140時間の授業を行う」といったように、学校教育法施行規則で「標準授業時数」が規定されています。しかし**「授業時間数」は学習の質的保証になりません。**そして「個別最適」や「教科横断」のカリキュラムマネジメントの足かせにもなるこの制度、「教育DXの一環」として、思い切って廃止を検討すべきではないでしょうか。

これについて「一部の教師が授業で手を抜く恐れもある。標準授業時数は最低ラインを担保するものだから廃止できない」と解説してくれた方がいます。しかし仮にそうなら、この制度は達成したい目的と手段があべこべで「副作用」も大きすぎる「ダメな制度」ではないでしょうか。教科横断や個別最適のカリキュラム・マネジメントを進めたい先生が、「どっちにせよダメな先生」とのいたちごっこの制度に足を引っ張られるのです。そのために教科横断や個別最適の恩恵を受けられない生徒にとっても「いい迷惑」です。

生徒は一人ひとり、苦手科目も得意科目も、学習のスピードも違います。資質・能力の凸凹があり、小学生は「生まれ月」でも相当な学力差が出ます。EdTechと学習ログを味方につけられる時代なのに、今後も標準授業時数という枠をはめ続けるのは、ナンセンスではないでしょうか。

各教科の先生が理科や社会や数学の時数を持ち寄って探究学習をデザインするのは制度的に可能です。しかし学習指導要領と標準授業時数というノルマを背負う先生たちは「持ち寄る余裕などない」と考えます。だから**「職員室内での調整プロセス」**で**「教科横断」の心も折れます。**標準授業時数という制度が残ると、文部科学省が提唱した「個別最適」も「教科横断のカリキュラム・マネジメント」も、かけ声倒れに終わるはずです。

そもそも**「教師による授業時間で、生徒の学習管理をする」**という発想自体、工業化社会の名残が強く、子どもたちが出ていく労働市場の常識とは完全にズレています。学習マネジメントは「一定時間の授業を履修したか」ではなく、生徒の学習ログを確認して、学習指導要領が求める資質・能力の伸びを評価して、丁寧に行うべきです。

③「EdTech教材」の組み合わせ：デジタル教科書・副教材EdTechと教科書予算

義務教育課程の教科書は、義務教育教科書無償給与制度により、政府が教科書を買い上げてすべての児童生徒に無償供給されています。文部科学省HPによれば令和3年度の無償給与に関する予算額は463億円。しかし**紙の教科書でなくなれば「紙代」「印刷代」「物流費」は不要になります。**「浮いた予算」をどう使うかを熟慮した方がよい気もするのです。

デジタル教科書が「現行の紙の教科書をPDF化したもの」で十分ではないのか、という方向性の議論をあまり耳にしません。教科書は検定制度もある性質上、制作側のクリエイティビティには制約がかかるはずで、投資をしたところで学習者を惹きつける学習コンテンツは生まれにくい気がします。そうであるならむしろ、民間企業の創意工夫で進化し続けるだろう**「副教材」のEdTechを学校が導入する費用を補助するために、「教科書のデジタル化によって浮く、紙代・印刷代・物流費」を活かす手はないでしょうか。**

経済産業省では2020年度から、教育サービス業と力を合わせる形で、EdTech導入補助金を活用して「学校が試しに使ってみたいEdtech、初年度無料・使い放題」というキャンペーンを始めて、すでに全学校の2割弱が「デジタル副教材」を試行しました。

国の教育政策の目標は「教科書を学ぶこと」ではなく、「学習指導要領が求める資質・能力を一人ひとりの子どもたちが磨くこと」です。教科書は用いるべき手段の1つです。今後、文部科学省の学習指導要領コードやさらに単元レベルのコードによって、デジタル教科書や副教材のEdTechの「すべての動画や演習問題」が紐づけられれば、生徒の学習ログ上で「どの単元はどの教材でどのレベルまで理解できたか」を一覧性を持って確認でき、それが個別学習計画に反映されれば、各自の学習到達度に合わせて個別カリキュラム編成もできるわけです。だから「教材」の「いいとこ取りの組み合わせ」と、その前提になる単元コード、学習ログ、個別学習計画といったパッケージを制度的に担保すべきではないでしょうか。DXの時代です。「他人の褌で堂々と相撲をとる」という精神も重要です。

④「場所」の組み合わせ：オルタナティブ・スクールを「公教育の一類型」に

２０１９年に日本財団が「隠れ不登校の中学生33万人」と推計しましたが、学校に息苦しさを感じて拒否反応を起こす子がこれほどいる以上、**「学校のカタチ」の多様化や「組み合わせパターン」の充実**は不可欠でしょう。オルタナティブ・スクールが「学校」として認められるようにすることなど、あらゆる方策で「学校のカタチ」を多様化すべきでしょう。そのためには学習指導要領や学校設置基準など様々なルールの縛りを洗い直す必要があるでしょう。オルタナティブ・スクールの進化は進んでいますが、学校教育法の「一条校」として認められない以上は私学助成を受けて学費負担を軽減することもできず、所得格差が「不登校児童生徒」の教育格差に直結する問題も解決する必要があります。

また、自治体によっては、「一条校に通っていない子の学籍そのものが取り消される」といった驚愕の事例も耳にします。しかし、そもそものようなことは許されませんし、現在でも教育確保法でオルタナティブ・スクール等への出席日数は校長の裁量で所属の公立学校の出席日数にカウントすることになっています。そしてさらに、学校教育法第21条に規定される**「義務教育として行われる普通教育の10の目標」**を満たし、学習指導要領の求める資質・能力を育むカリキュラムが組まれており、一人ひとりの学習ログが残せるのであれば、オルタナティブ・スクールでの学びを正当に評価する「みなし就学義務」の認定は、GIGAスクール構想が実現した今後、技術的には十分可能なはずです。個別学習計画と学習ログをもとにオルタナティブ・スクールでの学びを教育委員会なり国の機関なりが評価をして（現在のような校長先生の属人的な判断に頼る仕組みではなく）、**「正面から」義務教育の修了を認めるやり方**もあるはずなのです。また憲法第89条を盾にとって「公の支配がないオルタナティブ・スクールに、公金支出はできない」とだけ言い続けるのは、子どもの多様性を置き去りにした姿勢に思えます。そうであるなら、適切な「公の支配」を可能にする認定制度なりを立法によって実現したらよいだけの話ではないでしょうか。

すべての子どもたちに対する「学習権の実質的な保障」については「教育機会確保法」の立法を最後に、大きな動きは見られません。**「誰一人とり残さない」ために教育政策がやるべきことは、山のように積み残されています。**

本書の終わりに

最後までお読みいただき感謝いたします。この本でお伝えしたかったことを簡潔に5点にまとめてみます。

❶「未来の教室」は一律・一斉・大量生産方式を捨てた**「誰もがそれぞれ満足できる学校」**（全員を満足させ、取り残さないためには、**組み合わせの選択肢を増やすしかない**）。

❷「未来の教室」は学習手段の選択肢が豊富で、その**「いいとこ取りの組み合わせ」**が許される**「オープン型・水平分業型のレイヤー構造」**をした学習環境。

❸「未来の教室」はラクにすむはずのことはラクにすませ、手間をかけるべきシゴトにこそ時間と労力を使う。そんな**「DX社会の常識」に逆らわない学び場**。

❹「未来の教室」はシンプルな最上位目標が共有され、手段選択が柔軟で、先生の心理的安全性・知識の共有を謙虚なリーダーシップが支えている**高信頼性組織**。

❺「未来の教室」は**おカネがかかる**（特に、学術支援・メンタル支援・キャリア支援の3つの職能に分化した先生が、常勤・非常勤問わず、いまよりたくさん必要になる）

地域×スポーツクラブ
産業研究会

　そして、**「教育ＤＸ」とは、学校をこんな「未来の教室」に生まれ変わらせること**です。
経済産業省では「未来の教室」プロジェクトの評価・総括を行いつつ、「究極の未来投資」である教育政策の今後の選択肢を提案すべく「産業構造審議会教育イノベーション小委員会」を発足して議論を開始しました。さらに「地域×スポーツクラブ産業研究会」では学校部活動の「社会教育化」をスポーツ産業との連携のもとで進める内容を含む第1次提言を２０２１年6月にまとめました。社会教育活動としての地域移行モデルをつくる「未来のブカツ」プロジェクト、スポーツ産業のＤＸによる収益力向上と地域スポーツへの資金循環の強化に向けた検討をさらに進めていきます。

　経済産業省サービス政策課教育産業室、ＢＣＧボストンコンサルティンググループと**「未来の教室」というコミュニティでは、Facebook上で数千人の教育関係者との「友達」の輪**を広げて、教育現場の課題のご相談を日々受け止めさせていただき、教育イノベーションのお手伝いをしてきました。これからも、志ある皆さんと共に「未来の教室」を創る助け合いができる「場」であり続けたいと思っています。

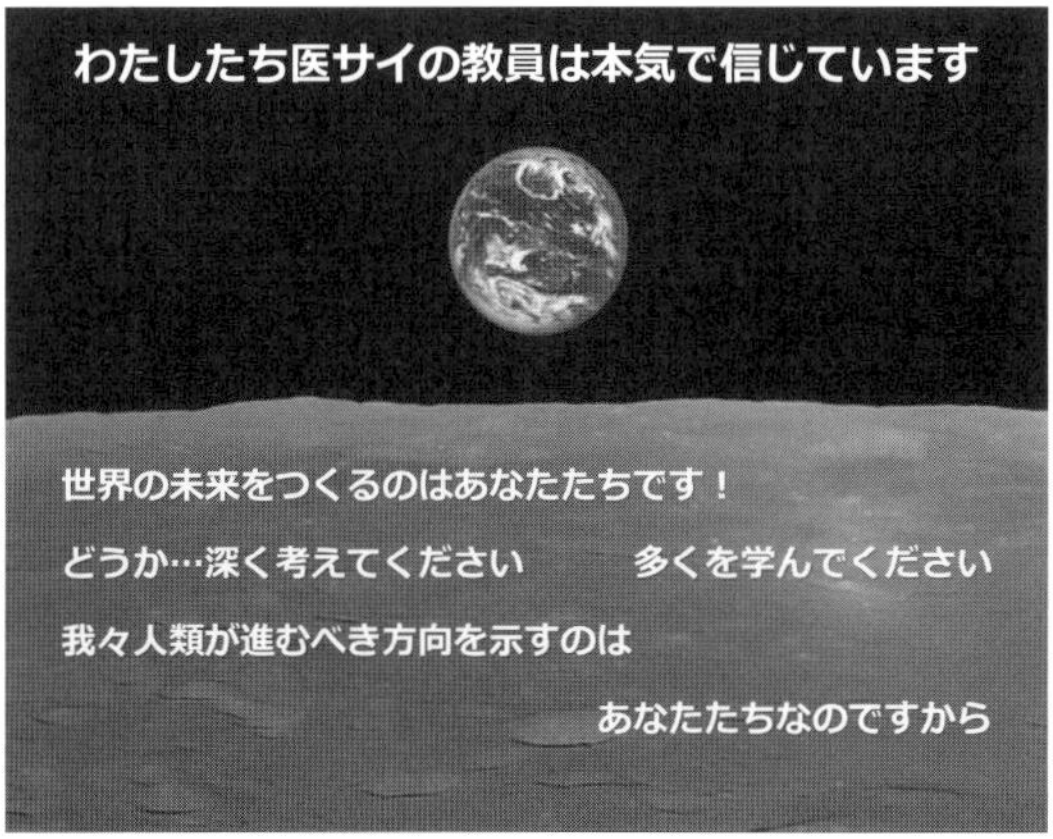
わたしたち医サイの教員は本気で信じています
世界の未来をつくるのはあなたたちです！
どうか…深く考えてください　多くを学んでください
我々人類が進むべき方向を示すのは
あなたたちなのですから

あとがき

まず先生が「夢」を口にする「未来の教室」へ

本書をお読みいただき、ありがとうございました。最後に上のスライドをご覧ください。第1章でご紹介した広尾学園中学高等学校の木村先生たちから生徒さんへのメッセージです。

とても素敵なメッセージではないですか？

学習指導要領にも込められた「よりよい社会と幸福な人生の創り手」を育む思いを、先生自身が「言われなくても」叫んだセリフです。

これを「東京の私立だから言えるんだ」とつぶやいて諦めるのは簡単です。しかしそれでは

「地方や公立の敗北」「政策の敗北」になってしまいます。

経済産業省「未来の教室」プロジェクトは、公立・私立か都会・地方かを問わずすべての学校で、先生がこういう「夢」をサラッと無理なく口にできるような、「無理のない、夢のある学校づくり」のために始めた事業です。この本もそのために書き下ろしました。

本編でも強調しましたが、学校という存在が明治期のように「社会の前衛（アバンギャルド）」「最強のゲーム・チェンジャー」の役割を取り戻せるなら「先生＝カッコいい仕事」「兼業でもいいから就きたい仕事」という気運も蘇る気がします。

ＧＩＧＡスクール構想のデジタル環境を活かして、知恵を絞って「教育ＤＸ」で「学校のシゴトの構造」を一緒につくり替えましょう。**経済産業省「未来の教室」コミュニティに加わってください、歓迎します。**信頼できる人間関係をネットとリアルの両方から網の目のように広げることは、今後の先生にとって正しい仕事の作法だと思います。

改革者の大敵は「孤独」です。学校の中に閉じずに仲間を増やしましょう。

そして国や自治体は、「職員室の心理的安全性と時間的余裕」を保障する「制度の話」「カネ目の話」をタブーなく見直し、政治の判断を仰ぐ必要があるはずです。現場の先生に負担を上乗せし、英会話もやれ、プログラミングも探究もやれと負担のしわを寄せる「自前主義・純血主義・形式主義」の政策を改めねばなりません。

それが国や自治体の教育政策のシゴトです。文部科学省だけでなく経済産業省もデジタル庁も役割を果たし続けることをお約束し、本書の締めとさせていただきます。


世の中の現実は、政策、ビジネス、関係者一人ひとりの行動、そして世の中の空気が作用し合って初めて動くものだと感じます。今回のＧＩＧＡスクール構想も、様々な力が作用し合い、突然眠りから覚めたようにエンジンがかかり、あっという間に実現しました。

その「前座」を担った経済産業省「未来の教室」プロジェクトも、EdTechを開発するベンチャー企業、子どもの孤独や貧困に向き合うＮＰＯ、大きな教育産業、何より学校現場で汗をかく先生たちの「情熱と知恵」の結晶です。経済産業省教育産業室の歴代の課長補佐である日高圭吾君、坂本和也君、柴田寛文君、矢島正崇君、小倉直子さんはじめ、教育委員会からの歴代計６名の出向者を含むすべての室員、粉骨砕身でプロジェクト統括を担う遠藤英壽さん、上西祐太さん、亀岡恭昴さん、丹羽恵久さん、折茂美保さんはじめＢＣＧボストンコンサルティンググループ、そして寺西隆行アドバイザーの献身がありました。

また、「未来の教室」実証事業では、多くの研究者が実証校に寄り添う「教育コーチ」や効果検証者の役割を果たしています。私自身も業務の傍ら東京大学大学院工学系研究科博士課程（先端学際工学専攻）の社会人学生となり、熊谷晋一郎研究室にて高信頼性組織研究・当事者研究などのアプローチに触れたことで、「未来の教室」事業を評価し、組織と学習環境のあり方を考える思考の軸が加わりました。

「『未来の教室』とEdTech研究会」、その後継として始まった産業構造審議会教育イノベーション小委員会の委員・専門委員として貢献いただいた150名超の方々との議論が政策を形作りました。両方の会議で座長をお願いした森田朗東京大学名誉教授は行政改革・医療改革とDXの第一人者であり、大切な師匠です。真に自由闊達な議論、実践と協働も進める「生きた審議会」を運営できるのは、座長の懐の深さと本質的で広角的な視座によるものです。

小学校時代の旧友で教育困難地域も含め生活指導と部活動で結果を残し続ける体育教師の岡野竜介先生と人形町界隈で飲むたびに「アサッチ、そんな簡単な話じゃないよ」と教えられました。「彼は知ってて、僕は知らない世界」のたくさんの話に感謝しています。

文部科学省とは、「未来の創り手」たるすべての子どもたちのために共闘するCritical

Friendsの素地ができました。敬愛する合田哲雄先輩、矢野和彦先輩、藤原誠先輩はじめ、共闘できた文部官僚とのご縁は私の役人人生の宝です。他省庁の生意気な後輩を受け止めてくださった度量、深い知性や正義感を行動に変える姿を見せていただきました。

経済産業省でこの破天荒なプロジェクトを私に任せてくれた2代の上司、藤木俊光先輩と畠山陽二郎先輩、ＧＩＧＡスクール構想実現に向けた土壇場で力をいただいた多田明弘先輩、荒井勝喜先輩、佐伯耕三先輩はじめ多くの先輩後輩の支援に感謝します。

ＧＩＧＡスクール構想がこの予算規模で実現されるに至った「潮目」は２０１９年11月13日の経済財政諮問会議でした。その場での萩生田文部科学大臣からの提案を受け、当時の安倍総理大臣ご自身から出た「(学校には１人１台端末があって当然だということを)国家意思として明確に示す」という発言が方向性を決定づけました。

我々事務方がどう企画に汗をかこうと、政治の決断があってはじめて「山」は動きます。

その伏線は長く、そもそも「未来の教室」プロジェクトは、私学経営の経験からEdTechの威力を熟知されていた当時の経済産業大臣の世耕弘成先生が、「経産省らしくやれ」と我々の背中を強く押してくださったことで始まりました。

そして２０１７年に発足した自民党EdTech推進議員連盟は、会長で元文相の塩谷立先生、事務局長の上野賢一郎先生、山際大志郎先生、関芳弘先生をはじめ文教族と商工族の先生が集う場であり、経済産業省が文部科学省とともに叱咤激励をいただけるありがたい拠り所です。そして「アサノ君、経産省はしがらみの多い文科省が出せない高いタマを投げろ。足して割ってちょうどいいんだ」と鼓舞してくださり、ＧＩＧＡスクール構想を経済対策に盛り込むプロセスで最後まで手を尽くしていただいた遠藤利明先生や渡海紀三朗先生、自民党教育再生実行本部や文部科学部会に経済産業省を招き入れ、懐深くフェアな判断で、大事な場面で常に背中を押してくださる馳浩先生、下村博文先生、林芳正先生、赤池誠章先生はじめたくさんの先生のお力添え、そして超党派教育ＩＣＴ議連の石橋通宏事務局長はじめ与野党の垣根を超えた後押しに感謝いたします。

安倍総理が「国家の意思」と発言される前日、政府・未来投資会議の場で総理を前に１人１台端末とネット環境整備を強く提言いただいたフューチャー株式会社の金丸恭文会長、そして旧通産省時代から参議院議員を経て今日の教育改革の道筋を引いてきた鈴木寛東京大学教授からも、「僕らはこの仕事をやりきるべきだ」という自信をいただきました。

本書の内容は「未来の教室」から「ＧＩＧＡスクール構想」「教育ＤＸ」と政策が広がる途上でどんどん変化しました。著者の思考の軸が動き、筆も止まる中、辛抱強く待ち、伴走してくれた神谷加代さん、学陽書房の山本聡子さんのサポートに感謝しています。また本書で対談いただいた工藤勇一先生、水谷智之さん、中島さち子さんに感謝します。

最後に、深い優しさと明るい笑いで、いつも我が家を照らすお日様的存在でいてくれる妻知佐、楽しい独身生活を謳歌しすぎた両親のもとに2年半前に舞い降りてきて以来、愉快な成長ぶりで楽しませてくれる「ポストＧＩＧＡ世代」の長女由宇、昔から息子の挑戦が上手くいく時もいかない時も常に声援をくれた両親、父八郎、母恵子に本書を捧げます。

「東京２０２０」の向こうを見つめ、残暑の千駄ヶ谷のカフェにて

経済産業省サービス政策課長・教育産業室長、デジタル庁統括官付参事官

浅野　大介

著者紹介

浅野 大介（あさの　だいすけ）

経済産業省　サービス政策課長・教育産業室長
デジタル庁 統括官付参事官
東京大学経済学部、同大学院法学政治学研究科修了後、2001年経済産業省入省。石油産業の事業再編、災害対策、地域再生、航空・港湾の規制改革とAPEC域内の物流円滑化、産業保安行政の電子化等の業務を担当後、2018年に１人１台端末とEdTechを活用した教育改革プロジェクト「未来の教室」を立ち上げ、その後文部科学省等とGIGAスクール構想を推進。2021年9月よりデジタル庁に併任され教育DXを推進。同時にサービス政策課長として、DX時代のスポーツ産業の事業環境整備やサービス業全体の労働生産性問題を担当。

教育DXで「未来の教室」をつくろう

GIGAスクール構想で「学校」は生まれ変われるか

2021年11月 4日　初版発行
2021年11月25日　４刷発行

著　者　浅野《あさの》 大介《だいすけ》
発行者　佐久間重嘉
発行所　学 陽 書 房
〒102-0072　東京都千代田区飯田橋 1-9-3
営業部　TEL 03-3261-1111 ／ FAX 03-5211-3300
編集部　TEL 03-3261-1112
http://www.gakuyo.co.jp/

編集協力／神谷加代
ブックデザイン／スタジオダンク
DTP 制作・印刷／加藤文明社
製本／東京美術紙工

ISBN 978-4-313-65403-7 C0037